Die Stadt nach Corona

Doris Kleilein / Friederike Meyer (Hrsg.)

T0326679

jovis

Doris Kleilein / Friederike Meyer (Hrsg.)

Die Stadt nach Corona

jovis

Intro

„Wir werden nach der Ausgangssperre nicht in einer neuen Welt erwachen; es wird dieselbe sein, nur ein bisschen schlechter." Mit diesen Worten verwies der französische Schriftsteller Michel Houellebec bereits im Mai 2020 auf die Zeit nach Corona. Wann das Danach beginnt oder ob wir dauerhaft mit dem Auf und Ab dieser und weiterer Pandemien leben müssen, lässt sich heute – irgendwo zwischen dritter und vierter Welle – noch nicht sagen. Das Ausmaß der gesellschaftlichen Verwerfungen wird wohl erst in den kommenden Jahren sichtbar werden. Die Pandemie polarisiert: Ist sie nur ein Albtraum, aus dem wir schnell aufwachen wollen – oder ein Weckruf, sich entschiedener den vielen Krisen (allen voran dem Klimawandel) zu stellen? Die Stadt ist dabei Bühne und Gradmesser gesellschaftlicher Prozesse. Dass sich der städtische Alltag innerhalb weniger Tage grundlegend verändern kann, ist die kollektive, bisweilen verstörende Erfahrung der Pandemie.

Für dieses Buch haben wir Architekt*innen und Stadtplaner*innen aus Lehre und Praxis gebeten, einen Ausblick auf die Stadt nach Corona zu wagen. Homeoffice, Undertourism, Onlineshopping: Was wird nach der Pandemie erhalten bleiben und in welchem Maß? Welche Folgen hat das für die Planung von und das Leben in Städten? Welche Chancen bietet die Pandemie, bekannte Probleme der Stadtentwicklung endlich anzugehen und dabei das Gemeinwohl in den Vordergrund zu stellen? Entstanden sind Essays und Gespräche, Analysen und eine Bildserie. Die 14 Beiträge aus Europa und den USA sind spekulativ und fordernd zugleich. Die Mehrheit der Autor*innen glaubt nicht, dass die Urbanität in der Krise ist, wie es seit Ausbruch der Pandemie immer wieder behauptet wird. Im Gegenteil: Sie eint die konstruktive Suche danach, was Städte widerstandsfähig macht gegenüber kommenden Katastrophen.

Phineas Harper und Maria Smith beginnen mit einem Dialog über *Degrowth,* das Konzept des Postwachstums. Vor dem Hintergrund der Pandemie ergründen sie, warum das Bauen so stark im

Paradigma des Wirtschaftswachstums verankert ist, stellen den Zusammenhang zwischen sozialen und ökologischen Fragen her und fordern eine Architektur des Teilens.

Homeoffice und Onlineshopping haben die Innenstädte über Monate leer gefegt: Was wird aus den Stadtzentren, wenn dort keiner mehr einkauft und arbeitet? Felix Hartenstein sieht in der Pandemie einen Schub für neue Handelskonzepte, skizziert einen radikalen Neuanfang für Innenstädte und überlegt, welche Gründe es noch geben könnte, um „in die Stadt zu gehen". Agnes Müller zeigt auf, was passiert, wenn Angestellte künftig nicht mehr jeden Tag in die Firma pendelten: Die viel diskutierten Coworking Spaces könnten nicht nur als Geschäftsmodelle funktionieren, sondern Nachbarschaften beleben und sich als dritter Ort zwischen Wohnung und Firmenbüro etablieren.

Nirgendwo hat sich die Lebensqualität von Städten während der Pandemie deutlicher gezeigt als in öffentlichen Räumen. Aglaée Degros, die nach Ausbruch der Pandemie die Stadt Brüssel zu neuen Mobilitätskonzepten und sozialer Teilhabe beraten hat, plädiert für die Aufwertung des unmittelbaren Wohnumfelds und identifiziert gemeinsam mit Sabine Bauer und Markus Monsberger den Verkehrsraum als die Fläche, die (auch am Stadtrand) neu verteilt werden muss. David Sim zieht erste Schlüsse aus einer Studie des Büros Gehl über die Nutzung öffentlicher Räume in dänischen Städten während des Lockdowns (und danach) und fordert in skandinavisch-demokratischer Tradition eine Rückbesinnung auf einfache, lokale Lösungen und die Stadt der kurzen Wege.

Wie auch in dicht bebauten Städten immer wieder neue Nutzungen und Transformationsfelder entstehen, untersucht Stefan Rettich im Forschungsprojekt *Urbane Obsoleszenzen*, das bereits vor der Pandemie begann und nun verstärkt Aufmerksamkeit erhält. Brauchen wir in Zukunft weder Kaufhäuser noch Bürogebäude noch Flughäfen?

Nicht nur die Metropolen, auch viele Klein- und Mittelstädte beginnen sich durch die Pandemie zu verändern. Thomas Krüger skizziert mit Sascha Anders und Stephan Große die jüngsten Entwicklungen an eher unspektakulären Orten in Deutschland, die lange Zeit nicht im Fokus der Stadtforschung standen und jetzt auf einmal – zumindest in manchen Regionen – wieder attraktiv werden. Die sprunghafte Zunahme des digitalen Arbeitens könnte zum Motor für die

9 Entwicklung ländlicher Räume werden: Doris Kleilein sieht in gemeinschaftlichen Projekten für Wohnen und Arbeiten die Vorboten eines neuen Landlebens.

Einige Kommunen stellen sich bereits grundlegenden Transformationsprozessen, wie im Gespräch mit Anke Butscher und Bárbara Calderón Gómez-Tejedor über die wachsende Bewegung der Gemeinwohl-Ökonomie deutlich wird. Sie erläutern anhand deutscher und spanischer Beispiele das Instrument der Gemeinwohl-Bilanzierung: Welchen Rahmen muss eine Kommune setzen, wenn sie wirklich nachhaltig und zum Wohl aller handeln will?

Die Überlastung der öffentlichen Gesundheitssysteme zu vermeiden, stand weltweit ganz oben auf der Agenda der Pandemiebewältigung. Friederike Meyer untersucht die Rolle temporärer Krankenhäuser und zeigt auf, wie die Pandemie die Krankenhausplanung und künftige Orte des Genesens dauerhaft verändern könnte. Philipp Stierand verweist auf die Schwachstellen städtischer Ernährungssysteme: Die Corona-Pandemie, so der Autor, traf auf die seit Jahrzehnten grassierende Pandemie der Zivilisationskrankheiten. Er fordert eine neue Ernährungspolitik, sodass Städte sicher und lokal mit gesunden Lebensmitteln versorgt sind und Ernährungsarmut auch in Deutschland bekämpft werden kann.

Städte sind seit jeher nicht nur Orte des Zusammenlebens, sondern auch der Ausgrenzung. Ananya Roy beschreibt am Beispiel von Los Angeles die Folgen einer rassistischen Stadtplanungs- und Wohnungspolitik, die während der Pandemie noch deutlicher hervorgetreten sind. Doch nicht nur in den USA hat die Covid-19-Pandemie die weniger Privilegierten besonders hart getroffen. Angesichts multipler Krisen der Stadt – von der Wohnungsnot über den Verkehrskollaps bis zur Ausbreitung von Krankheiten – fordert Tatjana Schneider mehr Teilhabe und Gerechtigkeit in der Planung und eine Re-Politisierung der Planerschaft.

Wie sich der rasende Stillstand der Pandemie auf touristische Infrastrukturen auswirken könnte, untersucht das Kollektiv Non Voyage. Anhand vertrauter Bildwelten aus den sozialen Medien, der Werbung und der Kunst zerlegen die Autor*innen die Elemente der Tourismusindustrie, analysieren die Sehnsucht nach dem Konsum anderer Kulturen und verordnen der reisesüchtigen Gesellschaft eine Entziehungskur.

Das neue Normal: Der Begriff wurde zur Formel für den unsicheren, sich immer wieder verändernden Alltag während der Pandemie. Aber wie neu ist das Neue und wie normal das Normale? Die Pandemie hat gezeigt, dass Städte strukturelle Veränderungen brauchen, um auf künftige Krisen, vor allem auf den Klimawandel, vorbereitet zu sein. Dieses Buch soll dazu anregen, in der anhaltenden Ausnahmesituation nach vorne zu denken. Es ist eine Einladung, die Stadt nicht nur zu ertragen oder zu konsumieren, sondern mitzugestalten.

Es reicht!

Ein Dialog über Postwachstum und die Covid-19-Katastrophe

Postwachstum (*Degrowth*) ist ein Wirtschafts- und Gesellschaftskonzept, das einen reduzierten Ressourcenverbrauch in wohlhabenden Ländern anstrebt. Die Aktivität des Menschen soll in Einklang mit den Beschränkungen des Planeten Erde gebracht werden. Zugleich sollen Ungleichheiten verringert und das kulturelle und ökologische Wachstum gefördert werden. Viele Umweltökonom*innen, Philosoph*innen und Künstler*innen erforschen seit Jahrzehnten funktionale und ästhetische Möglichkeiten einer Wirtschaftsweise, die sich nicht länger auf ein endloses Wachstum verlässt. Im urbanen Raum sind diese Ideen jedoch nur selten ausprobiert worden. Postwachstum war auch das Herzstück der Osloer Architektur-Triennale 2019: *Enough: The Architecture of Degrowth*. Die beiden britischen Co-Kurator*innen der Triennale, die Ingenieurin und Architektin Maria Smith und der Architekturkritiker Phineas Harper, sprechen über *Degrowth* vor dem Hintergrund der Coronakrise. Sie widmen sich der Frage, warum Architektur so stark im Paradigma des unendlichen Wirtschaftswachstums verankert zu sein scheint.

Phineas Harper: Der erste Covid-19-Fall wurde am 17. November 2019 bekannt – eine Woche vor dem Ende der Triennale, auf der die Teilnehmer*innen versuchten, sich eine Gesellschaft ohne oder mit stark reduziertem Flugverkehr vorzustellen. Eine Gesellschaft, in der die arbeitende Bevölkerung weniger Zeit im Berufsverkehr und mehr Zeit zu Hause verbringt, in der Städte zum Spazierengehen und Radfahren einladen und in der reiche Länder, deren Konsumverhalten einen hohen CO_2-Ausstoß verursacht, neue Wege aufzeigen: hin zu Aktivitäten mit geringem Kohlendioxidausstoß wie Lesen, Brettspielen, Heimwerken, Hand- und Gartenarbeit und langen Spaziergängen. Die Triennale imaginierte eine Welt mit mehr Netzwerken gegenseitiger Hilfe, weniger Treibhausgasen und einem geringeren Bruttoinlandsprodukt. Man dachte über einen radikalen Wandel nach und war sicher, dass dieser niemals stattfinden würde.

13 Mittlerweile hat die Corona-Pandemie zu einer enormen wirtschaftlichen Schrumpfung geführt und eine verzerrte Form von *Degrowth* auf den Weg gebracht.

Natürlich ist die globale Corona-Katastrophe nicht gleichbedeutend mit Postwachstum. *Degrowth* will eine Kultur der Geselligkeit voller Feste und Gemeinschaftsaktivitäten, mit – und das ist entscheidend – weniger Ungleichheit, wo doch der Kampf gegen Corona für viele eine niederschmetternde Isolation, eine Technologie-Abhängigkeit und eine sich verstärkende Ungerechtigkeit mit sich gebracht hat. Aber gibt es einen Hoffnungsschimmer, sich vor der tragischen Pandemie zu retten? Wir haben festgestellt, dass einige Gesellschaften mit großer Tatkraft agiert und damit ihre Wandlungsfähigkeit hin zum Gemeinwohl bewiesen haben, die die Verfechter*innen dieser unerträglich hohen CO_2-Produktion für unmöglich hielten. Wir erleben eine große Abnahme beim Flugverkehr und anderer luftverschmutzender Tätigkeiten. Viele konnten die großen Schwachpunkte der alten Normalität so klar sehen wie nie zuvor, weil sie jetzt gezwungen waren, sich in einer neuen Normalität einzurichten. Jedoch mussten wir auch mit ansehen, wie schnell die privilegierten Wenigen, die Profiteur*innen des Wirtschaftswachstums, darum kämpften, den Lauf der Dinge wiederherzustellen, der von Covid-19 unterbrochen wurde. Werden zukünftige Generationen auf die Pandemie als eine bittere, aber entscheidende Kurskorrektur zurückblicken oder als einen nicht gehörten Weckruf?

Maria Smith: Ja, es gibt einige, wenn auch oberflächliche Ähnlichkeiten zwischen den eher romantischen Qualitäten einer Postwachstumskultur und dem sonderbaren Leben in Quarantäne, das viele gezwungenermaßen leben. Aber sagen wir es ganz deutlich: Diese Pandemie ist kein *Degrowth*, auch wenn das Wirtschaftswachstum abnimmt. Auch finanzielle Hilfen wurden ungleich verteilt und ließen viele in extremer Armut zurück. Der ÖPNV war in weiten Teilen stillgelegt. Vorratshaltung und Hamsterkäufe haben gezeigt, wie das Herzstück des Postwachstums, nämlich das Teilen, konterkariert wird. Trotzdem stimme ich dem zu, dass wir beispiellose Initiativen in öffentlichen, privaten und ehrenamtlichen Bereichen erlebt haben, was beweist, dass es möglich ist, einen Wandel herbeizuführen, die Klimakatastrophe abzuwenden und eine radikal neue Wirtschaftsform zu etablieren. Corona könnte zum Wendepunkt werden für den Übergang zu einer sozial gerechten und umweltverträglichen Gesellschaft.

Auch wenn dies geschehen sollte, so muss man doch kritisch einräumen, dass die Pandemie selbst das Ergebnis eines anthropogenen ökologischen Zusammenbruchs ist. Die immer größer werdende Nachfrage nach (seltenen) Rohstoffen – für Sneaker, Smartphones, Wolkenkratzer – verwandelt ganze Landschaften in Bergwerke und Minen, baut die dafür übermäßig große Infrastruktur und beutet Grund und Boden durch nicht nachhaltige intensive Landwirtschaft aus. Diese Art der Nachfrage vernichtet Ökosysteme, zwingt Arten, in neue Beziehungen zueinander zu treten und vermehrt damit die Wahrscheinlichkeit, dass Viren von Spezies zu Spezies wandern, den Menschen eingeschlossen. Ein nicht nachhaltiger Umgang mit Boden und Rohstoffen hat die Menschheit vor ein erhöhtes Risiko von Seuchen wie Covid-19 gestellt. Bevor die zugrunde liegenden Ursachen auch nur benannt sind, werden es mehr geworden sein.

Erschreckend ist, dass die reichen Staaten erst einen so bitteren Weckruf benötigen, für den fast vier Millionen Menschen mit dem Leben bezahlt haben. Was kann getan werden, um sicherzustellen, dass reiche Staaten, die die Luft verschmutzen, jetzt wirklich in Aktion treten, damit es nicht noch weiterer Pandemien bedarf, um endlich einen Wandel herbeizuführen?

PH: Ich bin der Meinung, dass Architekt*innen eine große Verantwortung tragen. Es gibt wenig, was mehr zur globalen Erwärmung beiträgt als das Bauen und Bewirtschaften von Gebäuden. Jeder Versuch, den Klimawandel zu bekämpfen, wird scheitern, wenn die Art, wie Architektur und Städte geplant und behandelt werden, sich nicht radikal verändert. Viele fühlen sich wie gelähmt, wenn sie mit diesen Hürden konfrontiert werden. Einige Architekt*innen haben sogar Angst, dass der Klimawandel das Ende ihrer Zunft einläutet. Sie fürchten, dass die neuen Baustandards so strikt formuliert werden, dass jeder architektonische Ausdruck – sei es Freude, Tektonik oder bürgerliche Werte – unter dem Gewicht von Regulierungen zusammenbricht. Ich stimme dem nicht zu. Ich denke, dieses Moment ist außerordentlich aufregend und zugleich beängstigend, und es kann, wenn wir es annehmen, die Architektur lebensnäher machen und sowohl eine lebendige Kultur als auch die Natur fördern. Ich sehe es nicht als ein zu schwieriges Problem innerhalb unseres gegenwärtigen Paradigmas, sondern ich erkenne eine Möglichkeit, dieses Paradigma zu ändern.

Architektur im Angesicht der Klimakatastrophe zu praktizieren, bedeutet riesengroße Veränderungen in der Art und

Weise, wie wir bauen, mit welchen Materialien wir arbeiten, wie wir mit der urbanen Struktur umgehen und welche Art von Gebäuden, von Infrastruktur, von Quartieren wir schaffen. Es gab nie eine aufregendere Zeit, um Architektur zu praktizieren. Aber wo fängt man an?

MS: Beginnen wir mit dem, was schon existiert. Es wäre ein Fehler und auch gefährlich, auf eine futuristische Technologie zu warten. Man nehme nur den Hype um die *Carbon Capture Technology* in den frühen 2000er-Jahren. Die Idee, dass große Wälder Stickstoff aus der Atmosphäre ziehen könnten, der dann in Energie umgewandelt wird, während man das neu entstandene CO_2 einfängt und vergräbt, war höchst attraktiv, aber erreichte nicht die erforderliche Geschwindigkeit und das Ausmaß, das nötig gewesen wäre. Der IPCC-Bericht [Intergovernmental Panel on Climate Change] von 2018 war teilweise auch deshalb so schockierend, weil diese Idee, dass die Stickstoffgewinnung wie der rettende Märchenprinz daherkäme, sich als Fantasie entlarvte.

Die gute Nachricht für die Architektur ist: Wir haben bereits die Technologien, gegen die Industrie-Emissionen anzugehen. Wir haben Holz, Stein und Lehm. Wir sind in der Lage, Gebäude wiederzuverwenden, wenn wir sie mit natürlichen Materialien dämmen. Wir schaffen ein angenehmes Raumklima mit Wärmepumpen und Wärmerückgewinnungsanlagen, und wir wissen, wie man mit Feuchtigkeit, Heizung, Kühlung und Ventilation umgeht.

Das Problem ist nicht, dass wir nicht wüssten, wie, sondern, dass wir es nicht tun, zumindest nicht in ausreichendem Maße. Warum handeln Architekt*innen nicht?

PH: Dem stimme ich zu. Mao Zedong wurde in einem Lehmhaus geboren. Walter Raleigh wuchs in einem Haus auf, das aus Lehm und Stroh gebaut worden war. Wilhelm Wimpf errichtete eines der höchsten Gebäude der damaligen Welt als Stampflehmbau in Weilburg, wo es immer noch steht, zwei Jahrhunderte nach seiner Fertigstellung. Von all den kulturellen, architektonischen und urbanen UNESCO-Welterbestätten sind mehr als 160 aus Lehm gebaut. 10.000 Jahre lang ist Lehm das meistverbreitete Baumaterial gewesen, während Lehmbau in der zeitgenössischen Architektur fast gar nicht mehr vorkommt, trotz seines geringen CO_2-Ausstoßes. Heute werden junge Architekt*innen kaum über Massivlehmbau unterrichtet. Im Gegenteil, gerade in reichen Staaten greifen die meisten auf eine kleine Auswahl von CO_2-reichen Werkstoffen wie

Beton, Stahl und Zement zurück, die allein schon für 7 Prozent der globalen CO_2-Emissionen verantwortlich sind, und erzielen damit oft schlechtere Ergebnisse.

Vergleichen wir Beton mit Naturstein. Kalkstein hat eine Druckfestigkeit von 200 N/mm² und produziert verhältnismäßig geringe Emissionen, seit er mit relativ wenig Energie abgebaut und geformt werden kann. Aber wir nutzen den Kalkstein kaum in seiner rohen Form. Stattdessen verwandeln wir ihn in Beton, ein unglaublich energieaufwendiger Vorgang, der Vermahlen, Erhitzen, Zerkleinern, Sintern, Abschrecken, Granulieren, Vermischen und Abgießen beinhaltet. Damit erhalten wir ein Material, das eine Druckfestigkeit von gerade mal 40 N/mm² hat. Diese ganze Energie für ein am Ende schwächeres Material! Warum?

Teilweise kann die Antwort darin gefunden werden, dass das Bruttoinlandsprodukt (BIP) die Wirtschaftsaktivität misst. Eine erhöhte Wirtschaftsaktivität in einem Land bedeutet ein steigendes BIP: Das nennt die Volkswirtschaft Wachstum und die meisten Regierungen präferieren das. Beton hat hohe Emissionswerte aufgrund der Vorgänge, die seine Herstellung aufwendig machen. Das ist schlecht für den Planeten Erde, aber gut für das BIP, da in jeder Phase der Betonherstellung Materialien, Arbeit und Energie zum Einsatz kommen. Im Laufe der Zeit wurden für komplexe, das Bruttoinlandsprodukt ankurbelnde, aber schädliche Materialien wie Beton Anreize geschaffen und dafür riesige Industrien aufgebaut, während einfache Materialien wie Lehm oder Stein keine Förderung erfuhren.

Diejenigen, die unkritisch das Wachstum des BIP propagieren, werden immer wieder die gleichen falschen Entscheidungen treffen, wie und womit gebaut wird. Aber wie sähe eine Gesellschaft aus, die nicht länger dieser Art Wachstum hinterherjagt? Und, über den Einsatz emissionsschwacher Baumaterialien hinausgedacht: Welche Möglichkeiten könnten in einer Wirtschaftsform liegen, in der das BIP schrumpft?

MS: Eine Wirtschaft des *Degrowth* könnte eine positive, auf Gegenseitigkeit beruhende Beziehung zwischen Mensch und Umwelt ermöglichen. Indem wir versuchen, das Wirtschaftswachstum jedes Jahr zu erhöhen, verursachen wir riesige Schäden an unseren Lebensräumen.

Unbegrenzter Rohstoffabbau hat es fast unmöglich gemacht, sich auch nur vorzustellen, dass die Menschen, besonders im Westen, jemals in Harmonie mit der Natur leben können. Landfetzen, die als Naturreservate ausgewiesen wurden, oder

Nationalparks beruhigen die Gewissen der Verschmutzer*innen, aber verstärken gleichzeitig die künstliche Trennung zwischen Mensch und Natur. In Realität ist eine Welt möglich, in der die Menschheit Teil eines gedeihenden natürlichen Ökosystems ist, aber für viele ist es schwierig, sich das vorzustellen. Robin Wall Kimmerer beschreibt ihre Botanik-Studierenden so: „Sie sind gut ausgebildet, was den Klimawandel, Giftstoffe zu Wasser und zu Land und den Verlust von Lebensräumen angeht … [aber] sie können sich keine positive Beziehung zwischen Mensch und Umwelt vorstellen … Vielleicht wird ihre Fähigkeit, etwas Gutes zwischen Mensch und Erde zu sehen, dadurch eingeschränkt, dass sie täglich mit Negativbeispielen wie Industriebrachen, Massentierhaltung und Zersiedelung konfrontiert werden … Wie können wir uns in Richtung öko- logische und kulturelle Nachhaltigkeit bewegen, wenn wir uns noch nicht mal vorstellen können, wie sich so ein Weg anfüh- len könnte?"[1]

Das steigende Wirtschaftswachstum hat nicht nur zum Rohstoff- abbau und zur Ausbeutung geführt, es musste auch als Entschul- digung herhalten. Wenn man ethische Fragen so verdreht, um eine Wirtschaftsweise zu rechtfertigen, hinterlässt man ein gefährliches Erbe.

PH: Das Streben nach Wachstum war nicht nur Motivation für die Ausbeutung der Natur, sondern jahrhundertelang auch für die Ausbeutung des Menschen durch den Menschen, und fachte Ko- lonialismus und Unterwerfung an. Im 17. Jahrhundert dachte man sich einen Vorläufer des BIP aus, um die Invasion Englands in Irland vom Commonwealth finanzieren zu lassen. Oliver Cromwell, Führer der New Model Army in der Englischen Revolution 1648/49, gab Anleihen aus, um seine parlamentarische Armee zu finanzieren, und versprach, sie den Anteilszeichnenden in Form von Land zurückzu- zahlen, das den Iren abgenommen werden sollte. Um dieses Ziel zu erreichen, stellte er den Ökonomen William Petty an, der den Wert des gesamten Grund und Bodens Irlands abschätzte, was 1655/56 im *Down Survey* niedergeschrieben wurde. In die Bilanz aufgenom- men wurden natürliche Rohstoffe und Gewinne. Das Bindeglied zwischen Wirtschaftsaktivität und Geopolitik, das heute die Grund- lage des BIP bildet, hat damit im englischen Kolonialismus seine Wurzeln.

1   Kimmerer, Robin Wall (2015): Braiding Sweetgrass: Indigenous Wisdom, Scientific Knowledge and the Teachings of Plants. London

Der Philosoph Kwame Anthony Appiah argumentiert in seinen *BBC Reith Lectures 2016*, dass die moderne Vorstellung unterschiedlicher Rassen als moralische Entschuldigung für die Eroberung und Versklavung der Menschen im globalen Süden für die Gewinnsucht der europäischen Kolonisatoren herhalten musste. „Viele Historiker sind zu der Überzeugung gelangt, dass ein Grund für die immer negativere Sicht auf den Neger im späten 18. Jahrhundert in der Notwendigkeit lag, die Gewissen derer zu entlasten, die dort eindrangen und Männer und Frauen ausbeuteten."[2]

Laut Appiah konstruierten die europäischen Imperialisten trickreiche Lügen über rassische Unterschiede als Folge ihrer expandierenden Wirtschaft, um ihre abscheulichen Verbrechen zu rechtfertigen, und nutzten dabei alles, was die Wissenschaften ihrer Zeit hergaben: „Eine illustre Disziplin nach der andern wurde herbeigezerrt, um die Bedeutung der Hautfarbe zu unterstreichen. Und so wurde im Verlauf des 19. Jahrhunderts mit reichlich Lärm das moderne Rassenkonzept geschaffen. Das Streben nach Expansion hat mehrere Ungeheuer geboren, die Rassifizierung, die Ungleichheit anreizt und durch die Ungleichheit angereizt wird, ist die vulgärste Ausgeburt darunter."[3]

Deshalb ist Postwachstum für mich nicht ausschließlich eine ökologische Bewegung, sondern auch eine antikoloniale und antirassistische. Aber ich muss feststellen, dass einige andere Klimabewegungen soziale Fragen vollständig ignorieren. Man denke zum Beispiel nur an den absurden Anspruch von Extinction Rebellion, „jenseits der Politik zu sein".

MS: Zu oft werden soziale und Umweltfragen gegeneinander ausgespielt. Die Ökonom*innen des Postwachstums argumentieren, dass die Klimakatastrophe die globale Ungleichheit verschärft und vice versa. Aber viele im Westen glauben, dass Klimaschutzaktivitäten die persönliche Freiheit beeinflussen. Diese egozentrische Sicht verfehlt das enorme Ungleichgewicht in der Freiheit, die durch die derzeitigen sozioökonomischen Systeme tief verwurzelt ist. Zum Beispiel berichten die Länder bei internationalen Klimaabkommen über Emissionen auf territorialer Basis. Also registrieren die Nationen nur die Emissionen, die es innerhalb ihrer Grenzen gibt. In diesem System werden reiche Nationen nicht für das CO_2,

2   Appiah, Kwame Anthony: „Mistaken Identities". BBC Radio 4. The Reith Lectures:
     https://www.bbc.co.uk/programmes/b07z43ds (letzter Zugriff: 19.08.2021)
3   Ebd.

das beim Produzieren von Energie, Autos, Smartphones oder Stahlträger ausgestoßen wird, verantwortlich gemacht, solange diese Produkte Offshore hergestellt werden. Dies bewirkt, dass die Emissionen der westlichen Ökonomien geringer scheinen und die ökologische Schadensbilanz des globalen Südens künstlich aufgebläht wird. In den gegenwärtigen Klimaberichten leidet der globale Süden eher an den Auswirkungen und dem ökologischen Zusammenbruch, was ihm zugleich überproportional angelastet wird. Die Umsetzung bedeutender Klimaschutzmaßnahmen beschneidet nicht die Freiheit als solche, sondern nur die CO_2-intensive Kultur des reichen Westens.

Wirtschaftswachstum wird oft naiverweise als Verbesserung der Lebensqualität von Millionen gesehen, aber das wirkliche Bild ist vielfältiger. Die größten Prädikatoren einer erhöhten Lebenserwartung sind Hygiene und allgemeine Gesundheitsfürsorge, wie Jason Hickel in *Less is More* ausführt. Diese kollektiven Infrastrukturen sind aber kein direktes Ergebnis von Wirtschaftswachstum, sondern eher von progressiven politischen Bewegungen, und „historische Aufzeichnungen zeigen, dass ohne diese Kräfte Wachstum ziemlich oft gegen den gesellschaftlichen Fortschritt arbeitet und nicht für ihn".[4] Um die Freiheit von vielen zu vergrößern, mag es Einschränkungen für die wenigen geben: vor allem in der Freiheit, andere auszubeuten und deren Freiheit zu beschneiden.

PH: Die Beschränkung der Freiheit, in energie-ineffizienten Häusern zu wohnen, in Verbindung mit motorisiertem Individualverkehr. Die Freiheit des langweiligen Pendelns zu langweiligen Bürojobs, bei denen man den ganzen Tag sitzen muss. Die Freiheit zur Massentierhaltung. Die Freiheit zum Sich-Hineinquetschen in Billigflieger, um mit Hochgeschwindigkeit Kurztrips ins Ausland zu machen. Wie viele der Freiheiten, die den Bürger*innen der reichen Staaten versprochen werden, sind es wert, dass man für sie kämpft? In gewisser Weise ist *Degrowth* nur eine Anerkennung der Realität. Es wird immer klarer, dass es ein direktes Bindeglied zwischen Treibhauseffekt und Wirtschaftswachstum gibt. Tatsächlich ist in den vergangenen beiden Dekaden nur im Jahr 2009 die Nettokarbonemission gesunken, im selben Jahr, in dem die Wirtschaft schrumpfte. Selbst wenn das Wachstum von den Emissionen entkoppelt werden könnte, gibt es

4   Hickel, Jason (2020): Less is More: How Degrowth Will Save the World. London

ein Energieproblem, weil der Energieverbrauch mit dem BIP steigt. Eine Wachstumsrate von 2 bis 3 Prozent scheint sehr gering, in Wirklichkeit aber bedeutet das eine Verdoppelung des Energieverbrauchs alle drei Dekaden. Bei dieser Rate wird die Erde innerhalb einiger Jahrhunderte 100 Prozent der 174 Petawatt der Solarenergie nutzen müssen, um ihren Energiebedarf zu decken. In weniger als 2000 Jahren wird die Erde den gesamten Energieausstoß der Sonne nutzbar machen müssen! Es ist für die Wirtschaft schlicht unmöglich, unendlich zu verdoppeln, genauso wie es für den Energieverbrauch unmöglich ist, ihn unendlich zu verdoppeln. *Degrowth* bietet auf einer anderen Ebene die Möglichkeit eines radikalen Nachdenkens darüber, was wir wertschätzen und warum. Für welche substanzielleren Freiheiten würden wir kämpfen, wenn wir weniger süchtig nach Wachstum wären? Wie steht es mit Freiheit von der Tyrannei der Arbeit, die es erlaubt, freie Zeit zu genießen mit Unproduktivität, aber einem Reichtum an kulturellen Erlebnissen? Wie steht es mit Freiheit vom Zwang zur Effizienz, die uns erlaubt, langsam, aber gut zu reisen, die uns belohnt mit Touren in guter Gesellschaft und nicht mit einem emissionsreichen Sprint zu einem Ziel? Wie steht es mit Freiheit von der einsamen Knechtschaft der Hausarbeit in Kleinfamilien, die es in vielen reichen Staaten gibt? Was könnte Freiheit sein, wenn sie vom Wachstum abgekoppelt wäre?

MS: Postwachstum könnte Luxus, Freude und wohl, noch wertvoller, Zeit bedeuten, die man teilt. Einige der Aktivitäten mit der geringsten Karbonbelastung sind Sport, sich treffen, lesen, sich ausruhen, ehrenamtlich tätig sein, wie Barbara Smetschka mit ihren Kolleg*innen in ihrer 2019 erschienenen Studie über den CO_2-Fußabdruck pro Stunde bei verschiedenen Aktivitäten in Österreich beschreibt.[5] Ein Wandel zu einer Wirtschaftsweise innerhalb der Grenzen des Planeten würde mehr Zeit für die vielen Dinge ermöglichen, die das Leben lebenswert machen: von Romanzen über Musik bis hin zu Sportveranstaltungen oder Arbeitsgruppen, die sich intensiv mit Themen wie transformative Gerechtigkeit beschäftigen. *Degrowth* könnte von der enormen und schädlichen Arbeit entlasten, monströse neue Gebäude zu errichten, die nicht fürs Wohnen, sondern für den Profit gebaut werden.

5   Smetschka, Barbara; Wiedenhofer, Dominik; Egger, Claudine; Haselsteiner, Edeltraut; Moran, Daniel; Gaube, Veronika (2019): Time Matters: The Carbon Footprint of Everyday Activities in Austria. https://doi.org/10.1016/j.ecolecon.2019.106357

21 Anstelle dessen könnte Zeit für eine Veränderung von Gewohnheiten aufgewandt werden. Dies könnte die Wiederverwertung von Materialien und den Umbau von Gebäuden bedeuten, die Gemeinwohlinteressen dienen. Die Architektur des *Degrowth* hätte nicht die glänzende Oberfläche eines Science-Fiction-Films, sondern eher den charmanten Eklektizismus eines geschätzten und ausgebesserten Vintage-Anzugs, der mit einem Hightech-Regenmantel getragen wird: das Beste beider Technologien. Diese Architektur fordert ein ständiges Ausflicken und will mit einer positiven Haltung zu Instandhaltung und Reparatur punkten.

PH: Man dreht ja nicht einmal eine einzige große Jogging-Runde in 10 Jahren und sitzt dann für die nächste Dekade auf dem Sofa, wenn man auf seinen Körper achtet. Vom Trainieren über Reinigen bis hin zur Ernährung und Beziehungen sind regelmäßige kleine Achtsamkeiten wichtiger als spontane große Aktivitätsschübe mit langen Phasen der Untätigkeit. Noch scheinen viele Auftraggeber*innen zeitgenössischer Bauten allergisch auf Verpflichtungen zur Instandsetzung zu reagieren. Die Auswahl unterschiedlicher Materialien geschieht oft nur, um die Kosten für die Erhaltung zu reduzieren, was regelmäßig zu höheren Umweltbelastungen führt. Obwohl das Bauen mit Stroh und Lehm beinahe vernachlässigbare Emissionen hat, verwenden Architekt*innen diese traditionellen Materialien kaum, weil sie regelmäßiger Pflege bedürfen.

Ich behaupte, dass hinter dieser gefährlichen Bevorzugung von Langlebigkeit gegenüber regelmäßiger Wartung zumindest teilweise der Wunsch steht, Architektur zu einem Wirtschaftsgut zu machen. Bauherr*innen stellen eine Verbindung zwischen der Immobilie und der Stabilität ihres finanziellen Wertes her. Aber Baupläne, die emissionsreiche Materialien vorsehen, die wenig Reparatur erfordern, dafür aber enorme Mengen an Schadstoff-Emissionen bei ihrer Herstellung produzieren, sind falsches Wirtschaften.

MS: Das ist der Offenbarungseid der Architektur. Wenn man große Summen an Energie beim Bau investiert, dann wird in Kürze unser derzeitiges Stromnetz (das sich laut *Our World in Data* global nur zu 10 Prozent aus erneuerbaren Energien speist) an seinem hohen Karbonanteil leiden. Es vernachlässigt auch die anderen Folgen, die eine rohstofffreie Architektur für die Umwelt hat. Die Stabilität unseres Ökosystems beruht auf Kreisläufen: dem Wasserkreislauf, dem Kohlenstoffkreislauf, dem Stickstoffkreislauf und vielen anderen. Erneuerbare Architektur sollte mit diesen Zyklen synchron

gehen, ohne sie zu überlagern, und Materialien nur in dem Maße ab-
bauen, in dem sie erneuert werden können. Wir müssen uns von der
Idee verabschieden, eine Architektur zu schaffen, die ein fertiges,
endgültiges, träges Produkt ist, und stattdessen eine Architektur
akzeptieren, die im Einklang mit ökologischen Prozessen steht.

PH: Architektur wird gern als „Stadterneuerung" bezeichnet, aber
oft könnte sie nicht weiter davon entfernt sein. Neubau wird oft dann
verlangt, wenn Siedlungen zu verfallen scheinen und Stadtentwicklungsprozesse eingeleitet werden, um Viertel zu verändern. Aber oft
ersetzen die neuen Bauten nur den Gebäudebestand, der mehrere
Dekaden lang vernachlässigt, verschlossen oder umgesetzt wurde,
und lassen Quartiere mit jedem neuen Abbruch verunstaltet zurück.
Wir brauchen eine Kultur, die Gebäude erhält, die technische und
soziale Infrastruktur bewahrt und sich kontinuierlich um den Ort und
seine Bewohner*innen kümmert.

MS: Die Sprache ist Teil des Problems. Der Begriff „Stadterneuerung" suggeriert positive Wiederherstellung, aber seine Anwendung
in der Architektur maskiert oft einen gewaltsamen Abbruch. Der
Begriff „Nachhaltigkeit" ist ähnlich irreführend und wird gebraucht,
um Praktiken zu beschreiben, die zwar nur einen geringen Umwelt-
schaden anrichten, aber nicht neue positive Auswirkungen fördern.
Biologischer Anbau, wie er beispielsweise in Europa und den USA
häufig praktiziert wird, reduziert den schädlichen Einsatz von Pes-
tiziden, aber verbraucht mehr Wasser und mehr Fläche. Wiederver-
wertbare Becher verringern die Verschmutzung, die von Plastik-
bechern für den einmaligen Gebrauch herrührt. Aber sie benötigen
weit mehr Energie für Herstellung und Reinigung und generieren so
letztendlich größere Emissionen.

Die Faktenlage ist deutlich: Jenseits seiner bescheidenen Ver-
dienste führt das Wirtschaftswachstum nicht zu einer besseren Gesundheit, einer höheren Lebenserwartung, sinkenden
Armutszahlen oder anderen Kriterien eines guten Lebens.
Tatsächlich wird die Ungleichheit in Ländern mit einem hohen
Bruttoinlandsprodukt größer. So ist beispielsweise das Teilen
der Rohstoffe ein einfacher Weg, Gleichheit herzustellen und
Rohstoffe effizienter zu nutzen. Aber Teilen ist die Antithese
der Wachstumslogik.

PH: Wachstum hasst Teilen. Jedes Mal, wenn du ein Essen für
einen Freund kochst oder ein Buch aus einer Bibliothek aus-
leihst, schädigst du das BIP ein klein wenig, weil etwas, das hätte

23   gehandelt werden können, kostenlos angeboten wurde. Etwas offensichtlich Rohstoffeffizientes ist unserem System diametral entgegengesetzt.

MS: Man kann sich für die fortwährende Abhängigkeit von diesem toxischen System, das zu kolonialer Eroberung, Ungleichheit und der Klimakatastrophe führt, entscheiden. Aber es gibt bessere Alternativen. Wir fordern eine Wirtschaftsform, deren Ziel keine willkürliche und (was sowieso unmöglich ist) unbefristete Rohstoffausbeutung und Ausdehnung ist, sondern Gesundheit, Glück und das Wohlergehen aller sichert.

PH: Wir fordern eine Architektur, die das Teilen propagiert, zum Beispiel riesige Leihhäuser, in denen kostenlos jedes Objekt von Babykleidung über Werkzeuge bis hin zu Ballkleidern und Kunstwerken ausgeliehen werden kann.

MS: Wir fordern eine gerechtere, weniger ungleiche Gesellschaft mit einer Architektur und Umwelt, die auf gegenseitiger Achtung und Pflege und nicht auf Vernachlässigung und ökologischer Katastrophe beruht.

PH: Wir fordern das Ende einer Wirtschaftsweise des Zuviel für zu wenige und Zuwenig für zu viele.

MS: Wir fordern viel für alle.

PH: Wir fordern ein Ende des endlosen Wachstums.

MS: Es reicht!

Der Text erschien zuerst in englischer Sprache in: Non-Extractive Architecture Bd. 1 – On Designing without Depletion (Herausgeber: Space Caviar, publiziert von V-A-C Foundation, Moskau/Sternberg Press: London 2021).

Kerem Halbrecht, Zachi Razel, Futures Probes, Nat Skoczylas, Eitan Nir und Sarah Schalk

Non Voyage

Zur Zukunft touristischer Infrastrukturen

The Tourist Dilemma – A Tragicomedy

Deserted Planes

Touristoholics Anonymous

The Infrastructure of Desire

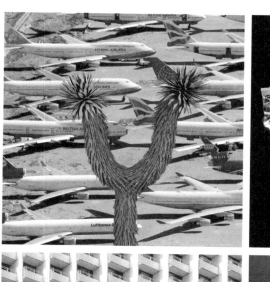

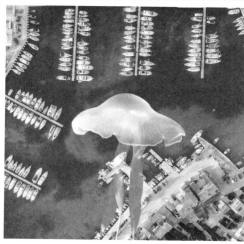

OFF SEASONS
Hotels and Resorts

33 Durch die pandemiebedingten Reisebeschränkungen sind touristische Infrastrukturen weltweit lahmgelegt. Zugleich erleben sowohl Tourismusanbieter als auch Konsument*innen ein verstärktes Bedürfnis nach Erholung. So geht es auch den Mitgliedern von Non Voyage, einem Think-and-Do-Tank, der das Potenzial touristischer Infrastrukturen für die Heilung des Planeten untersucht. In einer Art Selbsttherapie begeben sie sich auf die Suche nach Zukunftsszenarien für stillgelegte Flugzeuge und geschlossene Hotels, für Städte, Regionen und Landschaften. Da wird ein Flugzeugfriedhof zur Feriensiedlung, in der verschiedenste Urlaubswünsche erfüllt werden können und die an Experimente wie die Biosphere 2 oder an ein simuliertes Leben auf dem Mars denken lässt. Da erzählt ein Comic von einer Gruppentherapiesitzung für Tourismussüchtige, die beliebte Reiseziele des Massentourismus verkörpern. Eine Werbeanzeige für ein Hybrid-Hotel spielt mit der Idee, dass die Nebensaison nicht nur der Erholung der Gäste dient, sondern sich Erholung auch auf Landschaften, Traditionen, lokale Ökonomien und auf die im Tourismus beschäftigten Menschen übertragen ließe. Eine Bildserie ergründet die Konstruktion von Reisesehnsüchten und fragt nach alternativen Wunschobjekten. Mit der Hommage an die Arbeit *Wheatfield* der feministischen Land-Art-Künstlerin Agnes Dennes in Kombination mit dem auf Übermut und fehlendes Verantwortungsbewusstsein zurückzuführenden Schiffsunglück der Costa Concordia, deren Kollision mit einem Felsen 32 Menschenleben kostete, verweist Non Voyage schließlich auf die Klimakrise, mit der wir alle konfrontiert sind, ob nun auf Reisen oder nicht.

Alle Bilder: Non Voyage. Seite 24: Bildquellen: dvoevnore, MehmetO, Shutterstock.com; Seite 26: Illustration: Zachi Razel, Bildquellen: Aero Icarus; Seite 28: Illustration: Katrina Günther; Seite 30: Bildquellen: Napoleon Sarony, Timo Volz, Hugo Veldtman, Mark Sisson, Simon Migaj, Ena Marinkovic, Aero Icarus, Denis Belitsky, Shutterstock.com, Shaiith, Adam Wasilewski, Abigail Marie, M-Production, Dana Cetojevic, Quark Studio, Jonathan Borba; Seite 32: Bildquellen: Olena Yakobchuk, Andrew Popov, Lukman Kakim, Shutterstock.com

Stadt ohne Handel

Neue Konzepte für Innenstädte

„Ich gehe heute in die Stadt" ist ein viel gehörter Satz in deutschen
Haushalten. Die Redewendung steht synonym für Einkaufen gehen
und Besorgungen machen. Doch hinter dem pragmatischen Vor-
wand verbirgt sich noch eine weitere, subtilere Ebene. In die Stadt
zu gehen bedeutet auch, zu bummeln und sich treiben zu lassen,
andere Menschen zu treffen, zu sehen und zu hören, „was los ist", den
Puls der Stadt zu spüren, sich als Teil der Stadtgemeinschaft zu fühlen. Lewis Mumford, ein früher Großmeister des urbanen Denkens,
schrieb bereits 1937 in seinem bekannten Essay „What is a City?",
die Stadt sei ein „theater of social action",[1] ein Theater des sozialen
Handelns. Mumford zufolge fördere die Stadt Kunst und sei Kunst,
sie erschaffe das Theater und sei das Theater. Es sei erst das „soziale
Drama", welches die Stadt zu einer solchen mache und sie so vom
Land unterscheide: „Die Stadt gebiert Drama; dem Vorort fehlt es."
Jane Jacobs, vielleicht die bekannteste aller Städtebaukritiker*innen,
nutzt in „The Death and Life of Great American Cities" in ähnlicher
Weise die Metapher einer Bühne, indem sie das öffentliche Leben
der Stadt als „sidewalk ballet",[2] als Bürgersteigballett, illustriert.

Wie sähe sie idealerweise aus, eine solche Stadtkulisse, vor der sich
das soziale Miteinander so wunderbar in Szene setzen lässt? Die
wenigsten stellen sich dabei wohl eine der monotonen Einkaufs-
straßen vor, die mit den immer gleichen Filialisten viele Stadtzentren
dominieren. Die Fantasie zeichnet eher das Bild eines gewachsenen

1   Mumford, Lewis (1937): „What is a City?" In: Richard T. LeGates; Frederic Stout (Hrsg.)
(2011): The City Reader. 5. Ausgabe. London. S. 91–95

2   Jacobs, Jane (1961): The Death and Life of Great American Cities. New York. S. 50–54

Viertels, in dem sich viele kleine, ganz unterschiedliche Läden aneinanderreihen. Dazwischen verteilt: Arztpraxen, die Post, eine Bank, vielleicht ein Kino. Viele werden sich an solche Innenstädte noch erinnern und denken vielleicht nostalgisch daran zurück. Was ist aus ihnen geworden? Die Geschichte ist bekannt und hat sich an vielen Orten auf ähnliche Weise zugetragen. Zunächst kamen die Supermärkte: große Filialen am Stadtrand oder im Gewerbegebiet, nur noch mit dem Auto zu erreichen. Es folgten Shoppingmalls auf der grünen Wiese. Nachdem Stadtplaner*Innen erkannt hatten, dass diese Kaufkraft und Publikumsverkehr aus den Kernbereichen abziehen, wurden die Malls von vielen Kommunen bereitwillig und als vermeintliche Rettung in die Innenstadt gelockt. Heute verfügt fast jede mittelgroße Stadt über ein eigenes Einkaufszentrum. Doch die damit einhergehende Stärkung der Zentren, die unisono versprochen wurde, hat sich nur an wenigen Stellen eingestellt.

Disruptiver Onlinehandel

Seit dem Aufkommen des Onlinehandels stehen alle Bereiche des stationären Handels vor großen Herausforderungen. Die Internethändler steigern ihren Marktanteil von Jahr zu Jahr, das physische Einkaufen im Laden erscheint zunehmend als Auslaufmodell. Als Folge der rapiden Veränderungen, die den Handel in den vergangenen Jahrzehnten geprägt haben, beobachten Stadtplaner*innen eine besorgniserregende Entwicklung: Immer mehr Geschäfte schließen, Innenstädte drohen zu veröden. Die coronabedingten Umsatzeinbußen im Einzelhandel und der gleichzeitige Schub für den Onlinehandel verstärken diesen Trend. Nichts deutet aktuell darauf hin, dass er sich noch einmal umkehren wird. Viele Jahrhunderte lang waren Städte immer auch Handelszentren. Diese Zeit könnte nun ihrem Ende entgegengehen.[3] Etliche Handelszweige mit Bedeutung für den täglichen Bedarf sind bereits weitgehend aus den Innenstädten verschwunden: klassisches Handwerk mit angeschlossenem Verkauf wie Bäcker- und Metzgereien, Buchhandlungen, Musikfachgeschäfte, Schuh- und Schreibwarenläden. Aber auch viele Bank- und Postfilialen wurden geschlossen. Eine seltene Ausnahme bilden die Apotheken. Sie konnten sich dank rechtlicher Privilegien und geschickter Lobbyarbeit bislang gegen die Konkurrenz der Versandapotheken behaupten.

---

3   Vgl. Laudenbach, Peter (2020): „Was kommt nach der Einkaufsstraße?" In: brand eins 11/2020. S. 58–63

Die Covid-19-Pandemie verstärkt den Druck auf den Handel zusätzlich und beschleunigt bestehende Trends. Zwar stieg der Umsatz des stationären Einzelhandels 2020 nach Angaben des Handelsverbands Deutschland insgesamt um 3,9 Prozent,[4] die Effekte waren jedoch sehr ungleich verteilt. Besonders große Einschnitte verzeichnete der Textilhandel. Da Bekleidungsgeschäfte über lange Zeit geschlossen bleiben mussten, gingen die Umsätze um 23 Prozent zurück.[5] Erneut stark zulegen konnte hingegen der Onlinehandel mit einem Umsatzwachstum von 20,7 Prozent.[6] Das Nachsehen haben die klassischen Kaufhäuser, die mit ihrem umfangreichen Sortiment in direkter Konkurrenz zum E-Commerce stehen. Doch auch einzelne Offline-Branchen konnten ihr Geschäft während der Pandemie ausbauen. Baumärkte, Fahrradläden und Möbelgeschäfte profitierten vom geänderten Kaufverhalten während des Lockdowns. Supermärkte registrierten steigende Ausgaben für Lebensmittel, da viele Menschen wegen der Arbeit im Homeoffice, verringerter Sozialkontakte und weniger Reiseaktivitäten mehr Zeit zu Hause verbrachten. Im Allgemeinen können Filialisten und große Handelskonzerne die Auswirkungen der coronabedingten Einschränkungen leichter kompensieren als inhabergeführte Geschäfte. Sie verfügen über finanziellen Spielraum und die nötigen Ressourcen, um auf die dynamische Situation flexibel reagieren und neue Formate ausprobieren zu können. Viele Fachhändler*innen und kleine Läden leiden dagegen in existenzgefährdender Weise unter den Auswirkungen der Krise. Für sie geht es schnell um den Fortbestand des Betriebs. Wirtschaftsexpert*innen befürchten daher eine Pleitewelle, die für viele Innenstädte einen weiteren Verlust an Attraktivität bedeuten würde.

Die Bewahrung des Status quo – und warum das nur zum Teil funktioniert

Die Bedrohung, die durch den Rückgang des Handels auf viele Innenstädte zukommt, ist weithin bekannt. Neben den Handelsverbänden haben längst auch die kommunalen Spitzenverbände

4   Vgl. Handelsverband Deutschland (HDE) (01.02.2021): „Einzelhandel erlebt 2020 Jahr der Extreme: Coronakrise bringt viele Händler an den Rand der Insolvenz". https:// einzelhandel.de/presse/aktuellemeldungen/13150-einzelhandel-erlebt-2020-jahr-der-extreme-coronakrise-bringt-viele-haendler-an-den-rand-der-insolvenz (letzter Zugriff: 22.02.2021)

5   Vgl. ebd.

6   Vgl. ebd.

und die Lokal-, Landes- und Bundespolitik die Dringlichkeit des Themas erkannt. Der erste, naheliegende Reflex liegt in der Regel darin, den Handel retten zu wollen. Zu den am häufigsten genannten Lösungsansätzen gehört die Digitalisierung des Handels. Auch das Bundeswirtschaftsministerium unterstützt diesen Vorstoß. Im Oktober 2020 fand dazu ein Runder Tisch unter dem Titel „Ladensterben verhindern – Innenstädte beleben" statt. Das Fazit: „Digitalisierung und die Schaffung von Erlebnisräumen mit Kultur und Gastronomie sind [...] entscheidende Faktoren für lebendige Innenstädte."[7] Die Digitalisierung ihrer Angebote ist für Händler*innen jedoch mit erheblichem Aufwand verbunden. Vorneweg gilt es, die technischen Herausforderungen zu meistern: Eine Onlinepräsenz muss geschaffen und gepflegt werden. Dazu gehören neben der Verkaufswebseite und einem Online-Bezahlsystem in der Regel auch Social-Media-Kanäle, die intensive Betreuung benötigen.

Verschiedene Anbieter stellen inzwischen auf Händler*innen zugeschnittene Angebote zur Verfügung, darunter viele bekannte Digitalunternehmen. eBay, früher vor allem als Versteigerungsplattform für Gebrauchtartikel bekannt, bietet auch immer mehr Neuware an. Die Plattform gewinnt zunehmend an Attraktivität für gewerbliche Verkäufer*innen, die sich mit relativ geringem Aufwand einen Onlineshop einrichten können. Amazon ist hierzulande der wohl größte und bekannteste Marktplatz für Drittanbieter. Externe Verkäufer*innen können eigene Artikel einstellen und über die Seite von Amazon vertreiben. Gegen eine Gebühr übernimmt Amazon auch Lagerhaltung und Versand. Jedoch wird Amazon wiederholt vorgeworfen, kleine Händler*innen zu benachteiligen. Zudem entstehen Interessenkonflikte, wenn Händler*innen beispielsweise Produkte anbieten, die Amazon in ähnlicher Form ebenfalls vertreibt. Auch Google wirbt intensiv um den Einzelhandel und hat in Kooperation mit dem Handelsverband Deutschland die Initiative ZukunftHandel gestartet. Händler*innen können an kostenlosen Trainings teilnehmen und erhalten einen Leitfaden für das Onlinegeschäft. Mithilfe von Googles Angebotspalette können sie unter anderem Unternehmensprofile anlegen, ihre Auffindbarkeit erhöhen, die Webpräsenz optimieren und gezielt Werbung schalten.

7   Bundesministerium für Wirtschaft und Energie (BMWi) (20.10.2020): „Altmaier: ‚Innenstädte sollen wieder Lieblingsplätze werden'". https://www.bmwi.de/Redaktion/ DE/Pressemitteilungen/2020/10/20201020-altmaier-innenstaedte-sollen-wieder-lieblingsplaetze-werden.html (letzter Zugriff: 22.02.2021)

Um der Dominanz der großen Plattformen etwas entgegenzusetzen und lokalen Händler*innen alternative Zugänge zur Digitalisierung zu ermöglichen, haben zahlreiche Kommunen stadt- oder regionsweite Händlerplattformen aufgesetzt. Diese wurden bereits vielfach erprobt, konnten sich jedoch bislang nirgendwo richtig durchsetzen. Ein möglicher Grund: Kunden sind bequem. Sie bevorzugen Plattformen, bei denen sie nach möglichst vielen unterschiedlichen Produkten stöbern können. Lokale Händlerplattformen decken jedoch meist nur eine sehr begrenzte Bandbreite ab und leiden unter ihrer geringen Bekanntheit.

Neben der technischen Ausstattung ist es vor allem der tägliche Betrieb, der bei der Digitalisierung des Handels zu großen Herausforderungen führt. Produkte müssen auf der Webseite eingepflegt, beschrieben und ausgepreist werden. Versand, Retouren und Reklamationen müssen bewerkstelligt werden. Der logistische Aufwand ist enorm und personalintensiv. Kleine Händler*innen können das häufig nicht leisten – oder müssen sich in die Abhängigkeit marktbeherrschender Plattformen begeben. Es bleibt somit zu befürchten, dass die Digitalisierung des stationären Handels in der Fläche nicht funktionieren wird. Die etablierten Plattformen – eBay für Gebrauchtes, Etsy für Selbstgemachtes, Zalando für Bekleidung, Otto für vieles und Amazon für fast alles – werden im Onlinegeschäft immer effizienter sein als die kleinen Händler*innen, die nicht über vergleichbare Lagerkapazitäten, Logistikstrukturen, Kundencenter und IT-Abteilungen verfügen. Auch die gegenwärtig diskutierte Paketabgabe für Onlinehändler wird daran nicht grundsätzlich etwas ändern können. Zwar kann ein solches Instrument zu einer besseren Steuergerechtigkeit beitragen und den Onlinehandel an den Kosten der von ihm genutzten kommunalen Infrastruktur beteiligen, der generelle Wettbewerbsnachteil des stationären Handels bleibt jedoch erhalten.

Die Pandemie als Schub für neue Handelskonzepte

Bereits vor der Covid-19-Pandemie experimentierten Handelsunternehmen mit neuen Verkaufskonzepten. Einige haben durch die Krise den Sprung in den Massenmarkt geschafft.

Click and Collect: Während des Lockdowns hat diese Vertriebsform einen erheblichen Schub erhalten. Bei Click and Collect werden Waren online bestellt und in oder vor einer Filiale abgeholt. Sollte sich dieser Trend fortsetzen, stellt sich die Frage, ob Filialen in ihrer jetzigen Form langfristig überhaupt noch benötigt werden. Denkbar wäre, dass Handelsketten in Zukunft vermehrt auf den sogenannten Longtail-Ansatz setzen: Alle Artikel sind verfügbar, ohne dass diese vor Ort vorrätig sein müssen.[8]

genialokal – online bestellen, in der Buchhandlung abholen

Die Plattform genialokal basiert auf dem Katalog und der Logistik des Zwischenbuchhändlers Libri. Kund*innen können mehr als 6 Millionen Bücher online bestellen und bei über 700 inhabergeführten Buchhandlungen abholen. Das Angebot umfasst außerdem E-Books, Hörbücher und Spielwaren.

Retail as a Service: Bei diesem Konzept werden Verkaufsflächen für eine bestimmte Zeit an wechselnde Hersteller*innen vermietet, die dort ihre Produkte darbieten. Der Fokus liegt auf Ambiente, Beratung und Warenpräsentation. Die Artikel können angefasst und getestet werden, wodurch der letzte nennenswerte Wettbewerbsnachteil des Internethandels, der Mangel an haptischer Erfahrung, wettgemacht wird. Gekauft werden kann sofort im Laden – wobei die Ware zwar bezahlt, aber häufig nicht gleich mitgenommen werden kann – oder später im Internet. Auch Amazon experimentiert mit derartigen Konzepten: In Pop-up-Stores und stationären Buchläden, die weitgehend als Ausstellungsfläche konzipiert sind, bietet der Onlinehändler ein rotierendes Angebot und testet hybride Verkaufskonzepte.[9]

Hybride Nischenmodelle: Um sich von der Konkurrenz abzuheben, wählen mehr und mehr Händler*innen den Weg der radikalen Spezialisierung. Statt eine breite Produktpalette vorzuhalten, reduzieren sie ihr Angebot auf wenige ausgesuchte Sparten. Ihr Fachwissen stellen sie nicht nur im Laden zur Verfügung, sondern teilen es auch über verschiedene Onlinekanäle, wo sie für ihre Follower*innen einen deutlichen Mehrwert kreieren und ihre Einzigartigkeit herausstellen. Sie sind somit Händler*innen und Influencer*innen gleichermaßen.[10] Es besteht jedoch stets die Gefahr, dass Interessierte die Beratung in Anspruch nehmen, den Kauf aber woanders

8   Vgl. Jansen, Stephan A. (2020): „Wie geht Konsumgesellschaft ohne Konsum?"
     In: brand eins 11/2020. S. 44–50
9   Vgl. Hartenstein, Felix (2019): „Amazon: Vom Buchhändler zum Städtebauer".
     In: Baunetzwoche #546. S. 6–18
10   Vgl. Bergmann, Jens (2020): „Der moderne Verkäufer ist Influencer. Interview mit
     Alexander Graf". In: brand eins 11/2020. S. 52–55

Vom Leerstand zur Bühne: Surfen im Untergeschoss des Textilkaufhauses L&T in Osnabrück. Foto: dpa

tätigen. Dieses Modell eignet sich daher vor allem für individuelle Produkte, die nicht austauschbar und somit nicht überall erhältlich sind.[11] Alternative Verdienstmöglichkeiten ergeben sich zudem über Werbeeinnahmen auf sozialen Plattformen und Affiliate-Marketing: Influencer*innen platzieren auf ihren Webseiten oder in den sozialen Medien Links zu einem Onlineshop. Kommt darüber ein Kauf zustande, so werden sie am Erlös beteiligt.

Der Held der Steine – Händler und Influencer

Thomas Panke betreibt seit 2013 einen Laden für sogenannte Klemmbausteine in Frankfurt am Main. Auf dem YouTube-Kanal „Held der Steine" stellt er Produkte von Lego und kompatiblen Anbietern vor. Durch Humor und Kenntnisreichtum ist es Panke gelungen, eine große Fan- und Kundenbasis aufzubauen. Seine Videos erreichen jeweils mehrere hunderttausend Zuschauer*innen. Im Jahr 2020 wurden sie insgesamt über 60 Millionen Mal aufgerufen. Aufgrund der hohen Klickzahlen ist davon auszugehen, dass die Videos durch vorgeschaltete Werbung und Affiliate-Links inzwischen einen erheblichen Teil zu Pankes Umsatz beitragen. Es stellt sich jedoch die Frage, inwieweit auch das städtische Umfeld von Pankes Laden profitiert und ob sein Erfolg als Vorbild für andere Händler*innen dienen kann. Manche Käufer*innen nehmen weite Anreisen auf sich, um bei „Held der Steine" Sets zu kaufen, die sie ebenso in anderen Geschäften oder im Internet erhalten könnten – oft sogar günstiger. Jedoch ist der Laden, dessen begehbare Verkaufsfläche nur wenige Quadratmeter umfasst, lediglich an drei Tagen im Monat geöffnet. Eine Belebung des Umfelds findet also allenfalls in sehr begrenztem Maße statt.

Panke hat sich im Bereich der Klemmbausteine den Ruf eines Fachmanns erarbeitet, wodurch er sich von seinen Mitbewerber*innen spürbar abhebt. Händler*innen in anderen Produktsparten verfügen häufig über vergleichbare Expertise, jedoch ist der Aufbau einer kaufkräftigen Fangemeinde über YouTube oder andere soziale Medien mit hohem, kontinuierlichem Aufwand verbunden. Das Modell ist somit nur bedingt zur Nachahmung geeignet.

11 Vgl. Ribbeck-Lampel, Juliane (2020): „Chancen der Digitalisierung für den stationären Einzelhandel: Kleinflächenkonzepte in Innenstädten und ländlichen Räumen". In: Nachrichten der ARL 01-02/2020. S. 72–75

Es wird deutlich, dass sich Verkauf und Fläche zunehmend ent-
koppeln, der Handel wird gewissermaßen enträumlicht (sieht man
mal von den Logistikzentren und omnipräsenten Paketdiensten ab).
Doch was bleibt dann noch für den stationären Handel? Und wie
wirkt es sich auf die Städte aus, wenn Einkaufen vornehmlich aus
Abholen besteht? Eine mögliche Antwort liegt im persönlichen Kontakt mit den Kund*innen, also in der Ansprache und der Beratung,
sowie in den nachgelagerten Dienstleistungen wie Reklamation,
Reparatur und Retour. Ein Teil der Läden besteht zwar weiter, sie
wandeln sich jedoch sukzessive zu austauschbaren Servicecentern.
Ob das reicht, um eine Innenstadt lebendig zu halten?

Radikaler Neuanfang – ein Gedankenspiel

Was wird aus den urbanen Zentren, wenn das Einkaufen als prakti-
scher Anlass zum In-die-Stadt-gehen entfällt? Verschwinden dann
auch die sozialen Aspekte – die Begegnungen, der Austausch? Oder
gibt es Möglichkeiten, Innenstädte auch ohne Geschäfte, Laden-
straßen und Einkaufszentren zu attraktiven Orten des Miteinanders
zu machen? Was, wenn die gemeinschaftlichen Erfahrungen nicht
mehr als positive „Nebeneffekte" des Shoppings angesehen, sondern zur eigentlichen „Hauptattraktion" würden? Könnte der Gang in
die Stadt eine neue, eine gemeinschaftsfördernde Bedeutung bekommen? Und wie kann diese gestaltet werden?

Eine bisher wenig beachtete Möglichkeit im Umgang mit dem
schrumpfenden Handel wäre, ihn einfach „sterben" zu lassen – statt
ihn mit teuren Rettungsmaßnahmen künstlich am Leben zu erhalten. Die etwaig eingesparten Fördermittel ließen sich stattdessen
in die sozial-räumliche Infrastruktur der Städte investieren, wo sie
einen hohen gesellschaftlichen Mehrwert erzielen könnten. Dass
der stationäre Handel in Zukunft tatsächlich vollständig „ausster-
ben" wird, ist äußerst unwahrscheinlich. Dennoch lohnt eine Ausei-
nandersetzung mit dieser zugespitzten These, um den Diskursraum
zu weiten und Alternativen für den Fall zu entwerfen, dass sich der
aktuelle Trend zur Entleerung der Innenstädte weiter fortsetzt.

Stellen wir uns also eine – vielleicht nicht allzu ferne – Zukunft vor,
in der die meisten Geschäfte geschlossen sind und der Erwerb von
Gütern größtenteils online abgewickelt wird. Was zunächst anmu-
tet wie ein Schreckensszenario, eröffnet bei näherer Betrachtung
unerwartete Möglichkeiten. Gerade in Städten mit viel Leerstand

könnten sich durch soziale Innovationen und einen starken Fokus
auf das Gemeinwohl neue Impulse für die Stadtentwicklung ergeben.[12] Selbst ohne Handel bleiben Städte wichtige Wirtschafts-
zentren. Die hinterlassenen Freiräume eröffnen Platz für andere
Geschäftszweige, die aufgrund hoher Ladenmieten bislang keine
Möglichkeit hatten, sich in innerstädtischen Zonen anzusiedeln.

Handwerkerhof Ottensen – Gewerbe wächst in die Höhe

Der Handwerkerhof Ottensen in Hamburg-Altona zeigt exem-
plarisch, dass urbane Produktion auch als Mischnutzung,
in vertikaler Anordnung und in zentraler Lage möglich ist.
Auf vier Etagen verteilen sich Glaser-, Tischler- und Instal-
lateur*innen, aber auch verschiedene Büros und Kanzleien,
Instrumentenbauwerkstätten und eine Shiatsu-Praxis.

Aufgegebene Kaufhäuser bieten ideale Voraussetzungen für
gewerbliche Mischnutzungsmodelle. Häufig wurden sie in den
1970er-Jahren in betonbasierter Skelettbauweise errichtet und
ermöglichen daher maximale Flexibilität. Sie lassen sich beinahe
beliebig umbauen und ermöglichen modulare Konzepte für ein
agiles Nebeneinander von Produktion und Handwerk, Büros
(Coworking), Bildung und Forschung, sozialen Einrichtungen, Orten
der Gemeinschaft – und sogar Wohnen. Statt ihr Dasein als Arte-
fakte des Niedergangs zu fristen, könnten die obsoleten Gebäude
neue Anker für die Stadtgesellschaft werden.

Paradigmenwechsel – Transformation Kaufhaus Darmstadt

Ein Konzept zum Umbau des Karstadt-Gebäudes in Darmstadt
gewann den ersten Platz des Nachwuchs-Wettbewerbs der
Plattform Nachwuchsarchitekt*innen.[13] Der Vorschlag verfolgt den Ansatz einer „gesellschaftlichen Resozialisierung"
monofunktionaler Gebäude. Durch einen Teilabriss entsteht

12   Vgl. Akademie für Raumentwicklung in der Leibniz-Gemeinschaft (ARL) (Hrsg.) (2020):
      Zukunft der (Stadt-)Zentren ohne Handel? Neue Impulse und Nutzungen für Zentren
      mit Zukunft. Positionspapier 116. Hannover
13   Vgl. Meyer, Wenzel (o. D.): „Paradigmenwechsel: Transformation Kaufhaus Darmstadt".
      https://plattformnachwuchsarchitekten.de/pdf/stadt-im-wandel-stadt-der-ideen-
      2020-erster-preis-paradigmenwechsel-transformation-kaufhaus-berlin.pdf (letzter
      Zugriff: 22.02.2021)

ein neuer Stadtplatz, ein Dachgarten ergänzt den öffentlichen Raum. Das Raumprogramm „schafft durch eine Synergie aus Kultur, Konsum und Kreativität einen neuen Anziehungspunkt".[14]

Auch leerstehende Läden können leblosen Innenstädten durch eine gemeinwohlorientierte Umprogrammierung neue Impulse geben. Als Vorbild kann die sogenannte Kreuzberger Mischung dienen. Der Berliner Stadtteil ist bekannt für seine heterogenen Erdgeschossnutzungen. In ehemaligen Geschäften und Handwerksbetrieben haben sich seit den 1980er-Jahren viele soziale Einrichtungen niedergelassen. Gemeinsam sorgen sie für einen regen Publikumsverkehr und stärken das nachbarschaftliche Miteinander im Quartier.

Einen ganz ähnlichen Ansatz verfolgt das Konzept der 15-Minuten-Stadt. Alle Einrichtungen des täglichen Bedarfs sollen in einer Viertelstunde erreichbar sein – ohne Auto, wohlgemerkt. Arbeitsstätten, Schulen, Kitas, medizinische Einrichtungen, Behörden, Einkaufsmöglichkeiten, Kulturangebote, Spielplätze, Sportareale und Erholungsgebiete: alles im direkten Umfeld. Das Ziel sind kompakte Städte mit kurzen Wegen und dezentraler Daseinsvorsorge auf nachbarschaftlicher Ebene. Solche Städte sind nicht nur lebenswerter, sondern auch klimafreundlicher. Paris hat diesen Weg bereits eingeschlagen und plant eine großflächige Umverteilung des Straßenraums zugunsten öffentlicher Flächen für die Bewohner*innen.[15] Vergleichbare Ansätze finden sich auch in der Neuen Leipzig-Charta,[16] dem Leitdokument für Stadtpolitik in Deutschland und Europa.[17]

Stadtentwicklung ist längst nicht mehr ohne Digitalisierung denkbar. Ob Handel, Freizeit oder Unterhaltung: Innenstädte befinden sich im Wettbewerb mit diversen Online-Angeboten. Um gegen die digitalen Alternativen zu bestehen, müssen sie „besser" sein

14   Ebd.
15   Die Pariser Bürgermeisterin Anne Hidalgo hatte die 15-Minuten-Stadt (Ville du quart d'heure) 2020 zum Wahlkampfversprechen gemacht und wurde wiedergewählt.
16   Vgl. Bundesministeriums des Innern, für Bau und Heimat (BMI) (2020): „Neue Leipzig-Charta: Die transformative Kraft der Städte für das Gemeinwohl". https://www.nationale-stadtentwicklungspolitik.de/NSPWeb/SharedDocs/Downloads/DE/die_neue_leipzig_charta.pdf?__blob=publicationFile&v=5 (letzter Zugriff: 22.02.2021)
17   Die Neue Leipzig-Charta wurde beim Informellen Ministertreffen zur Stadtentwicklung im Rahmen des deutschen EU-Ratspräsidentschaft 2020 beschlossen. Darin heißt es: „Die Umwandlung von Innenstadtbereichen in attraktive multifunktionale Räume bietet neue Möglichkeiten für die Stadtentwicklung: Es entstehen verschiedene Nutzungen für die Bereiche Wohnen, Arbeiten und Erholung. Produzierendes Gewerbe, Einzelhandel und Dienstleistungen finden sich dort gleichermaßen wie Wohnungen, Gastgewerbe und Freizeitangebote." BMI (2020) (wie Anm. 16), S. 7

als das Internet. Das erreichen sie nicht, indem sie auf Gebieten konkurrieren, die online effizienter, bequemer oder günstiger zu regeln sind. Vielmehr sollten Städte die Qualitäten herausstellen, die das Internet nicht bietet. Dazu gehört zuallererst der menschliche Austausch – von Angesicht zu Angesicht statt von Bildschirm zu Bildschirm.

Die Covid-19-Pandemie hat eindrucksvoll die Möglichkeiten und Grenzen digitaler Kommunikation aufgezeigt. Videokonferenzen und Chatgruppen ermöglichen es Arbeitsteams, Vereinen, Freundeskreisen und anderen Gruppierungen zwar, in Kontakt zu bleiben, persönliche Begegnungen können sie jedoch nicht ersetzen. Nach mehreren Monaten Lockdown und Homeoffice stellte sich bei vielen Leuten eine spürbare „Zoom-Müdigkeit" ein.

Menschen wohnt ein tiefes Bedürfnis nach physischer Nähe inne, nach Berührung und der Erfahrung des Miteinanders. Ein Mangel daran kann zu Vereinsamung und Depressionen führen. Die langfristigen Auswirkungen der Pandemie sind diesbezüglich noch nicht absehbar. Es mehren sich jedoch die Anzeichen dafür, dass die Isolation bei vielen Menschen zu psychischen Beeinträchtigungen geführt oder bestehende Leiden verstärkt hat. Was Städte nach der Pandemie also am meisten brauchen, sind Räume, die es Menschen ermöglichen, ihre Sehnsucht nach Begegnung und Austausch auszuleben. Prädestiniert hierfür sind Dritte Orte. Das können Cafés sein, Frisiersalons, Parkbänke, Kioske, Imbisse oder Sportplätze. Gemein ist ihnen, dass sie eine angenehme Atmosphäre schaffen, in der ungezwungene Gespräche stattfinden können und die dennoch offen sind für Neuankömmlinge. Auch öffentliche Räume müssen so gestaltet sein, dass sie Platz bieten für gemeinschaftliche Erlebnisse und Erholung – bestenfalls in Kombination mit viel Grün und nichtkommerziellen Angeboten, die als echte Sozialräume funktionieren.[18]

In der Neuen Leipzig-Charta (2020) heißt es entsprechend: „Unter gemeinwohlorientierte Dienstleistungen und Infrastrukturen fallen Gesundheitsversorgung, soziale Dienstleistungen, Bildung, kulturelle Angebote, Wohnen, Wasser- und Energieversorgung, Abfallwirtschaft, öffentlicher Nahverkehr sowie digitale Informations- und Kommunikationssysteme. Wichtig sind zudem hochwertige öffentliche Räume sowie grüne und blaue Infrastrukturen, ebenso wie der Erhalt und die Revitalisierung des baukulturellen Erbes." BMI (2020) (wie Anm. 16), S. 8

Ein entscheidender Faktor für die Zukunft der Städte liegt im Zugriff auf Immobilien und deren Nutzungen. Häufig lassen Immobilienbesitzer Ladenlokale auch über längere Zeiträume leer stehen. Sie spekulieren auf eine Erholung des Markts und erhoffen sich langfristig höhere Mieteinnahmen, anstatt die Räumlichkeiten kurzfristig für andere Nutzungen zu öffnen. Lässt sich ein Laden jedoch über einen längeren Zeitraum nicht zu den gewünschten Konditionen vermieten, wächst der wirtschaftliche Druck – und mit ihm die Bereitschaft, über alternative Konzepte nachzudenken und sich für Anregungen von außen zu öffnen.

Kommunen kommt an dieser Stelle eine Schlüsselrolle zu. Sie können als Mittlerinnen dienen zwischen den Besitzer*innen von Gewerbeimmobilien und neuen Nutzergruppen. Ferner können sie die Eigentümer*innen auf die externen gesellschaftlichen Kosten von Leerstand aufmerksam machen und Unterstützung bei der Erprobung unkonventioneller Maßnahmen zur Wiederbelebung vakanter Immobilien anbieten.

Die Transformation der Innenstädte benötigt neue Allianzen und privatwirtschaftliche und kommunale Geschäftsmodelle, die vermehrt das städtische Gemeinwohl in den Blick nehmen. Auf diese Weise lassen sich Gebäude oder Stadtteile als ganzheitliches System betrachten und positive Wechselbeziehungen besser nutzen. Beispielsweise können Formate wie Coworking und Produktion 4.0 in den oberen Stockwerken zu neuen Einnahmemöglichkeiten führen, die mögliche Mindereinnahmen im Erdgeschoss ausgleichen. Ebenso können frequenzstarke, aber umsatzschwache Nutzungen von ihrer Nachbarschaft subventioniert werden, wenn diese von deren Präsenz profitiert. Auf diese Weise ließe sich neben einer Immobilienrendite auch eine „Zentrumsrendite" erwirtschaften. Um diesen Anforderungen gerecht zu werden, brauchen Kommunen geeignete Verfahren und Instrumente. Die Landes- und Bundespolitik ist aufgefordert, hierfür die passenden Förderinstrumente zur Verfügung zu stellen. Eine weitere Hilfestellung wäre die Ausweitung oder Erleichterung des kommunalen Vorkaufsrechts für Gewerbeimmobilen.

Nach wie vor wird die lebenswerte Stadt zu oft über den Handel gedacht. Der vorherrschenden Überzeugung nach locken ansprechende Einkaufsoptionen die Bewohner*innen ins Zentrum und ziehen Besucher*innen aus dem Umfeld an. Dank der höheren Kaufkraft floriert die lokale Wirtschaft; und ganz nebenbei, so die Annahme weiter, entstehen belebte Straßen und Plätze. Doch dieses Kalkül geht immer seltener auf. Monofunktionale Innenstädte haben längst ihre Anziehungskraft verloren. Insbesondere dann, wenn die Gestaltung öffentlicher Räume primär den Anforderungen der Handelsfunktion angepasst wird und soziale Aspekte allenfalls noch eine untergeordnete Rolle spielen. Spätestens nach Ladenschluss zeigt sich die Trostlosigkeit solch einseitig ausgerichteter Stadtkerne.

Was jedoch bleibt, sind die sozialen Bedürfnisse der Menschen. Die Reaktionen auf die coronabedingten Einschränkungen haben dies noch einmal verdeutlicht. Es ist davon auszugehen, dass sich im Anschluss an die Pandemie bei vielen Menschen ein großer Wunsch nach Begegnung und gemeinschaftlichen Erfahrungen bahnbricht.

Bundeswirtschaftsminister Peter Altmaier sagte beim Runden Tisch zur Zukunft der Innenstädte: „Innenstädte sollen wieder Lieblingsplätze werden."[19] Dem ist nur zuzustimmen. Doch diese Lieblingsplätze könnten, ja müssen anders aussehen, als wir es momentan gewohnt sind. Nicht in der Rettung des Handels liegt die Zukunft lebenswerter Städte, sondern in der Schaffung von Angeboten, die wieder die sozialen und kulturellen Qualitäten der Stadtzentren in den Mittelpunkt stellen: mehr Bühne, weniger Inszenierung.

Urbane Ob- soleszenzen

Wie die Pandemie städtische Transformationsfelder sichtbar macht

1956 setzte der Spediteur und Reeder Malcolm McLean zum ersten Mal Container für den Warentransport ein, auf einem eigens dafür umgebauten Tanker – der Ideal X. Seine Erfindung revolutionierte nicht nur die globale Logistik, sie hatte auch disruptive Effekte auf die Hafennutzung. Für die seither stetig wachsenden Containerschiffe waren viele Hafenanlagen in den europäischen Städten nicht mehr geeignet. Sie wurden entweder ganz aufgegeben oder verlagert. Solche Obsoleszenzen in der Stadt, also Funktionen, die aus der Nutzung fallen, aber große Potenziale in sich bergen, sind nicht neu. Es gibt zahlreiche weitere Beispiele, etwa die Auflassung von Kasernen nach dem Fall der Mauer, alte Industrieareale aus der Gründerzeit, die im Zuge der Globalisierung aus der Nutzung gefallen sind, oder zentral gelegene Güterbahnhöfe, die durch Güterverkehrszentren in Stadtrandlage ersetzt wurden. Weitere vormals städtische Funktionen wie Schlachthöfe, Brauereien oder Großmarkthallen wurden ebenfalls an sogenannte Punkte höchster Erreichbarkeit ausgelagert, weil auch sie in internationale oder zumindest überregionale Produktions- und Lieferketten eingebunden sind.

In der Summe handelte es sich um enorme und zudem wertvolle Flächen für die Innenentwicklung von Städten. Denn sie waren zentral gelegen, gut erschlossen und verhältnismäßig einfach umzugestalten, da das Grundeigentum bei der öffentlichen Hand oder bei Alleineigentümer*innen der Industrie lag. Auf diesen Raumressourcen konnten attraktive Quartiere wie die Hamburger HafenCity, die Bremer Überseestadt, der Ackermannbogen in

München oder Kreativviertel wie die Leipziger Baumwollspinnerei
entwickelt werden. Diese Flächen wurden auch dringend benötigt,
denn seit den 1990er-Jahren wachsen Großstädte sowie kleinere
Universitätsstädte (Schwarmstädte) rapide und die Diskussion über
Wohnungsmangel und steigende Mieten reißt nicht ab. Hier wirkt im
Hintergrund ein Megatrend: Wissenskultur und Wissensgesellschaft
treiben einen Strukturwandel auf dem Arbeitsmarkt an. Gerade in
den Groß- und Universitätsstädten konzentrieren sich Kreativwirtschaft sowie bedeutende Zentren von Forschung und Entwicklung
mit attraktiven, gut bezahlten Jobs.

Megatrends und die Transformationsfelder von morgen

Grundlegende gesellschaftliche Entwicklungen, sogenannte Megatrends, wirken sich also unmittelbar auf die Nutzung des Raums aus,
sind Auslöser für Flächenverknappung, aber auch für Leerstände
mit dem Potenzial neuer Nutzungen. Nimmt man diese Perspektive
ein, dann waren die urbanen Obsoleszenzen der vergangenen Dekaden ein Nebenprodukt der Globalisierung und ihrer Logistik. Auch
der scheinbare Soloeffekt des Containers muss in diesem Kontext
gesehen werden: Schon 1933 wurden vom Bureau Internationale
des Containers (BIC) in Paris ähnliche Konzepte entwickelt, die aber
zunächst aus Kosten-Nutzen-Gründen verworfen wurden.[1] Es war
aber nur eine Frage der Zeit, bis diese Nischeninnovation zu grundlegenden Veränderungen im Warentransport führte.

Kann man diese Erfahrungen aus der Vergangenheit nutzen, um
herauszufinden, welche Flächen der Stadt in Zukunft obsolet werden und welche Gebäudetypen davon betroffen sein werden? Möglich ist dies zum einen, indem man Megatrends methodisch auf ihre
Raumwirksamkeit und auf ihre Wechselwirkung und gegenseitige
Verstärkung untersucht. Die zukünftigen Transformationsfelder werden aller Voraussicht nach nicht mehr so großflächig ausfallen wie
bisher, sondern eher kleinteilig und dispers. Zudem zeichnet sich
bereits heute ab, dass andere Megatrends Effekte auf Raum- und
Gebäudetypologien haben werden als in der Vergangenheit – insbesondere die Digitalisierung. Es bilden sich aber auch Überlager-
ungen heraus, etwa von Klimawandel, Energie- und Verkehrswende,

1   Vgl. Lutteroth, Johanna (12.07.2011): „Container-Revolution. Welterfolg mit der
     Wunderkiste". In: Der Spiegel. Geschichte. https://www.spiegel.de/geschichte/
     container-revolution-welterfolg-mit-der-wunderkiste-a-947252.html
     (letzter Zugriff: 07.03.2021)

die sich auf die Nutzung von Verkehrsflächen und Mobilitätsarchitekturen auswirken werden.

Perspektivisch werden Flächen in den Kategorien Handel, Arbeit, Mobilität, Kultur und Religion betroffen sein, die sich recht eindeutig innerhalb der urbanen Agglomeration verorten lassen. Entscheidend ist die Lage, denn das Obsoleszenz-Risiko einer städtischen Funktion ist nicht an jeder Stelle gegeben oder gleich hoch. Jene Ressourcen aber vorausschauend zu identifizieren und systematisch zu erschließen, scheint aufgrund der akuten Flächenknappheit in den Städten zu einer wesentlichen Aufgabe der Stadtentwicklung zu werden.

Digitalisierung und Raum

Aktuell zeigt sich wie unter dem Brennglas, wie stark sich die Digitalisierung auf fast alle Lebensbereiche und damit auch auf den Wandel von Arbeit und Handel auswirkt. Covid-19 wirkt hier nur als Katalysator, nicht als Auslöser. Der stationäre Einzelhandel steht schon länger unter dem Druck der Plattformökonomien von Amazon und Co., und im kulturellen Bereich setzen Streaming-Dienste den Kinos ebenfalls seit geraumer Zeit zu. Neu hinzugekommen durch die Pandemie ist der disruptive Effekt und dass die analogen Akteur*innen wehrlos mitansehen müssen, wie sie ihre Geschäftsmodelle verlieren.

Im Büro- und Dienstleistungssegment sind es Unternehmen, die die Software für Videokonferenzen anbieten und damit den klassischen Büroturm infrage stellen. Es war zwar Ende der 1990er-Jahre ein Irrtum der Planungsdisziplin, dass sich mit dem Aufkommen des Internets und der Möglichkeit zur Telearbeit die Zwischenstadt endgültig als dominante Siedlungsform durchsetzen würde – aber damals steckte die Digitalisierung auch noch in ihren Kinderschuhen. Es gab keine professionellen Video-Clients und keine 5G-Technologie. Laut einer Umfrage des ADAC ging der Anteil der Tagespendler*innen im zweiten Lockdown im Winter 2020 um 18 Prozent zurück, im ersten Lockdown im Frühjahr 2020 sogar um 34 Prozent,[2] und große Unternehmen berechnen bereits, wie viele Flächen und Kosten durch Remote-Work eingespart werden könnten.

2 Vgl. ADAC (24.11.2020): „Corona und Mobilität: Mehr Homeoffice, weniger Berufsverkehr". https://www.adac.de/verkehr/standpunkte-studien/mobilitaetstrends/corona-mobilitaet/ (letzter Zugriff: 07.03.2021)

TYPOLOGISCHE OBSOLESZENZEN

MEGATRENDS

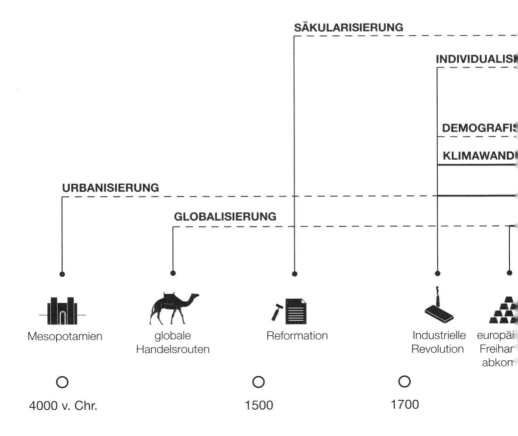

SÄKULARISIERUNG

INDIVIDUALIS▮

DEMOGRAFI▮

KLIMAWAND▮

URBANISIERUNG

GLOBALISIERUNG

Mesopotamien   globale
Handelsrouten   Reformation   Industrielle
Revolution   europäi
Freihar
abkom

4000 v. Chr.   1500   1700

53

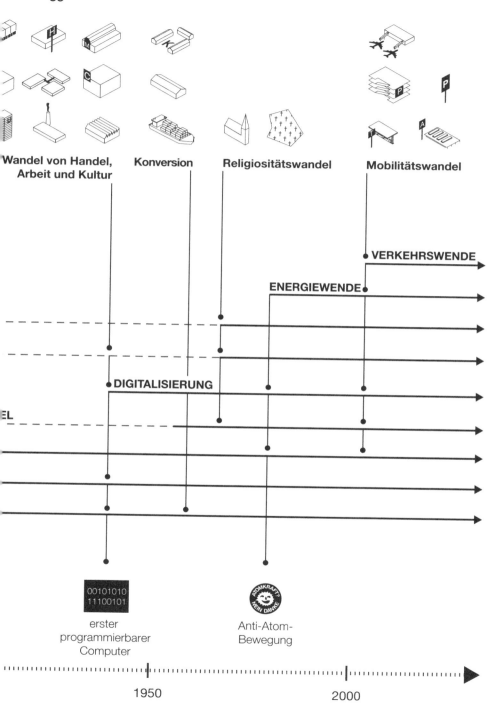

Wandel von Handel, Arbeit und Kultur

Konversion

Religiositätswandel

Mobilitätswandel

VERKEHRSWENDE

ENERGIEWENDE

DIGITALISIERUNG

EL

erster programmierbarer Computer

Anti-Atom-Bewegung

1950

2000

Gerade die Innenstädte, mehrheitlich durch stationären Einzelhandel und Büroflächen geprägt, sind von der Pandemie und den räumlichen Auswirkungen der Digitalisierung daher besonders betroffen. Betrachtet man beispielsweise den Einzelhandel mit einer Mehr-Ebenen-Perspektive, die nach Megatrends (Landscape-Ebene), Stakeholder*innen (Regime-Ebene) und Innovationen (Nischen-Ebene) unterscheidet, zeigt sich, wie diese in Wechselwirkung zueinander stehen und wie sich dadurch Disruptionen aufbauen, aber auch Transformationen entwickeln können. Die Krise der Zentren eröffnet demnach gleichzeitig ein Fenster der Gelegenheit. Obsolet gewordene Typologien geben Raum etwa für Wohnen. Das ehemalige Warenhaus eignet sich für soziale oder kulturelle Nutzungen und könnte sich durch eine horizontale Funktionsgliederung zum Quartierskern entwickeln. Mit diverser Mischnutzung erhöht sich dann auch die Resilienz der Innenstädte.

Auch im produktiven Sektor kommt es zu Neuordnungen durch Digitalisierungsprozesse. Der wachsende Einsatz von IT und Robotik führt hier zu Flächenüberschuss. Es werden zwar keine größeren Verwerfungen auf dem Arbeitsmarkt erwartet, denn der demografische Wandel mildert den Wegfall von Arbeitsplätzen. Insgesamt werden aber erhebliche Verschiebungen aus dem produktiven Sektor in den Bereich der IT und der Dienstleistungen erwartet.[3] Für die sogenannte Industrie 4.0 werden dann weniger Facharbeiter*innen benötigt, dafür mehr Informatiker*innen. Eingeschossige Fabrikhallen könnten Softwareschmieden weichen, die sich vertikal organisieren lassen, und zugleich Flächen für Wohnungen ermöglichen. Der Einfluss auf den Arbeitsmarkt und damit auf die Flächenbedarfe ist aber branchenabhängig und variiert selbst dort in verschiedenen Fertigungssegmenten erheblich. Während etwa bei der Automobilindustrie am Beispiel von VW die Beschäftigungszahlen durch die Umstellung auf Elektromobilität in der Fahrzeugfertigung bis 2029 nur um etwa 12 Prozent zurückgehen werden, sieht es bei der Komponentenfertigung, insbesondere bei den Zuliefernden, weitaus kritischer aus: Dort werden voraussichtlich um bis zu 70 Prozent weniger Arbeitskräfte benötigt, weil der elektrische Antrieb deutlich weniger Einzelteile und Produktionsschritte erfordert.[4]

3   Vgl. Institut für Arbeitsmarkt- und Berufsforschung (2015): „Industrie 4.0 und die Folgen für Arbeitsmarkt und Wirtschaft". Bericht 16/2015. http://doku.iab.de/aktuell/2015/aktueller_bericht_1516.pdf (letzter Zugriff: 07.03.2021), S. 1
4   Vgl. Fraunhofer IAO / Bauer, Wilhelm; Riedel, Oliver; Herrmann, Florian (Hrsg.) (2020): „Beschäftigung 2030 – Auswirkungen von Elektromobilität und Digitalisierung auf die Qualität und Quantität der Beschäftigung bei Volkswagen, Kurzfassung". https://www.iao.fraunhofer.de/content/dam/iao/images/iao-news/beschaeftigung-2030-kurzfassung.pdf (letzter Zugriff: 07.03.2021), S. 2

Neben der Digitalisierung sind es perspektivisch der Klimawandel sowie die mit ihm verbundene Energie- und Verkehrswende wie auch der Religiositätswandel, die sich als Megatrends auf städtische Funktionen und damit auf die Raumentwicklung auswirken werden. Auch wenn das Auto in der Pandemie gerade wieder an Bedeutung gewinnt, wird der Klimawandel auf lange Sicht eine nachhaltige Energie- und Verkehrswende unumgänglich machen. Pop-up-Radwege sind gewissermaßen die Vorboten dieser Entwicklung. Vor allem beim ruhenden Verkehr werden Flächengewinne zu erzielen sein, denn es werden weit weniger Parkplätze und Parkhäuser benötigt. Die Frage ist nur, wann und ob es dafür weiterer disruptiver Ereignisse bedarf wie etwa der Diesel-Gate-Affäre, bis politisches Handeln umfassend einsetzt. Die Flächengewinne wären immens – in einer Stadt wie Hamburg entfallen derzeit über 700 Hektar Grundfläche allein auf die Funktion des Parkens.[5] Berechnungen zeigen, dass ein Carsharing-Auto je nach örtlichen Verhältnissen vier bis teilweise mehr als zehn private Fahrzeuge ersetzt.[6] Angenommen, der komplette Autoverkehr würde auf Sharing-Dienste verlagert, könnten im Idealfall über 90 Prozent der Stellplätze eingespart werden. Der tatsächliche Wert wird sich in der täglichen Mobilitätspraxis irgendwo dazwischen einpendeln.

Bei einigen Parkhausbetreibenden wie der APCOA Parking Deutschland fand schon vor der Pandemie ein Umdenken statt. Sie wollen das Schmuddel-Image der grauen und zugigen Parkhäuser überwinden und planen diese zu *Urban Hubs* um, also zu intermodalen Umsteigestationen für verschiedene Verkehrsträger. Selbst die Lobbyorganisation Bundesverband Parken spricht von einem Paradigmenwechsel und sieht auch andere Funktionen wie Cafés oder Verleih- und Reparaturstationen für Fahrräder in den Erdgeschossen umgebauter Parkhäuser,[7] ganz wie die E. Breuninger GmbH & Co. dies gerade plant. Ihr Parkhaus in der Stuttgarter Innenstadt soll als *Smart Mobility Hub* mit belebtem Erdgeschoss neu entstehen und zugleich Platz schaffen für das Haus für Film

---

5   Rettich, Stefan; Tastel, Sabine (2021): Eigene Erhebung (nicht publiziert). Forschergruppe Obsolete Stadt

6   Vgl. Umweltbundesamt (10.4.2021): „CarSharing nutzen". https://www.umweltbundesamt.de/umwelttipps-fuer-den-alltag/mobilitaet/carsharing-nutzen#unsere-tipps (letzter Zugriff: 10.04.2021)

7   Vgl. Maier, Thomas (04.01.2021): „Was nach Corona aus den Parkhäusern wird". In: Frankfurter Allgemeine Zeitung. https://www.faz.net/aktuell/rhein-main/frankfurt/autos-nach-corona-was-aus-dem-parken-in-staedten-wird-17128662.html (letzter Zugriff: 07.03.2021)

	HANDEL					KULTUR	ARBEIT	
(I)	+		+	+		+		
(II)	+	+		+		+	+	+
(III)	+	+					+	+
(IV)		+	+		+	+	+	+

LEGENDE

(I) Zentrum

(II) Innere Stadt

(III) Äußere Stadt

(IV) Agglomeration

 Inhabergeführter Einzelhandel

 Großflächiger Einzelhandel

 Shoppingmall

 Kaufhaus

VERKEHR				RELIGION		KONVERSION		
		+			+			
+	+	+		+	+		+	+
+	+	+		+	+	+		+
+	+	+	+					

Legende:

Bürogebäude	Parkplatz	Kaserne
Autohaus	Flughafen	Gründerzeitfabrik
Tankstelle	Friedhof	Hafenlogistik
Parkhaus	Kirche	

und Medien.[8] Die Pandemie, in der etwa 50 Prozent der Kurz-
parker*innen in den Innenstadtlagen weggebrochen sind, wird
diese Entwicklung hin zur Öffnung von Parkhäusern für weitere
Funktionen sicher beschleunigen. Schließlich sind bei anhaltendem
Schwund im Einzelhandel mit zentralen Coworking Spaces oder
Penthouses im Dachgeschoss mehr Rendite zu erzielen als mit
leerstehenden Parkplätzen.

Wandel der Religiosität

Säkularisierung ist ein besonders lange in die Geschichte zurück-
reichender Megatrend, der seit den 1970er-Jahren verstärkt als
Wandel der Religiosität diskutiert wird und nun auch aufgrund
vermehrter Kirchenaustritte in das öffentliche Bewusstsein rückt.
Die Missbrauchsfälle in der katholischen Kirche haben hier einen
zusätzlichen, disruptiven Effekt. Das Forschungszentrum Generatio-
nenverträge (FZG) der Universität Freiburg prognostizierte in einer
im Jahre 2019 veröffentlichten Studie einen Rückgang der Kirchen-
mitglieder der evangelischen und katholischen Kirche Deutschlands
von 49 Prozent bis 2060 – dies nicht nur unter Berücksichtigung des
demografischen Wandels, sondern auch aufgrund von allgemeinen
soziokulturellen Entwicklungen wie dem Rückgang an Taufen oder
eben Kirchenaustritten.[9] Folglich benötigen die Kirchen im Jahre
2060, um sich den „gleichen kirchlichen Warenkorb"[10] leisten zu
können, ungefähr das doppelte an Kapital. Bereits 2014 veröffent-
lichte die Landesinitiative StadtBauKultur NRW eine Studie zum
Thema *Kirchen geben Raum: Empfehlungen zur Neunutzung von
Kirchengebäuden.* Einer der Aufhänger der Publikation war die
öffentliche Bekanntgabe des Ruhrbistums im Jahre 2005, sich von
nahezu 100 seiner damals 350 Kirchen trennen zu müssen.[11] Da der
Kirche als Institution sowie deren Gebäuden als Versammlungsorte
eine hohe gesellschaftliche Bedeutung beigemessen wird, ist die

8   Vgl. Schwarz, Konstantin (20.12.2020): „Breuninger-Garage: Jury kürt Sieger".
     In: Stuttgarter Nachrichten. https://www.stuttgarter-nachrichten.de/inhalt.
     wettbewerb-in-stuttgart-breuninger-garage-jury-kuert-sieger.b318dca0-a460-435f-
     a1da-5005703e81ca.html (letzter Zugriff: 07.03.2021)
9   Vgl. Evangelische Kirche in Deutschland (2019): „Langfristige Projektion der
     Kirchenmitglieder und des Kirchensteueraufkommens in Deutschland. Eine Studie des
     Forschungszentrums Generationsverträge an der Albert-Ludwig-Universität Freiburg".
     https://www.ekd.de/ekd_de/ds_doc/projektion-2060-ekd-vdd-factsheet-2019.pdf
     (letzter Zugriff: 07.03.2021), S. 8
10   Ebd. S. 14
11   Vgl. Beste, Jörg (2014): Kirchen geben Raum. Empfehlungen zur Neunutzung von
     Kirchengebäuden. Hrsg. v. Landesinitiative StadtBauKultur NRW. Gelsenkirchen. S. 7, 9

Thematik diffizil. Neben den Kirchen selbst betrifft dies auch die zugehörigen Pfarr- und Gemeindehäuser. Diese sensiblen Immobilien bergen aber auch ein großes Potenzial, sie liegen in der Regel sehr zentral in den Nachbarschaften und sind im kollektiven Bewusstsein der Anwohner*innen gut verankert. Sie könnten also auch gut für andere soziokulturelle Nutzungen im Quartier Verwendung finden. Mittlerweile finden sich eine Reihe exzellenter Beispiele für die Umwandlung von Kirchen, die von der KiTa in der ehemaligen Pfarrkirche St. Sebastian in Münster über die Kunstgalerie König in der brutalistischen Kirche St. Agnes in Berlin bis hin zu einer Buchhandlung in der früheren Dominikanerkirche in Maastricht reichen.

Es gibt aber noch ein weiteres bedeutendes Phänomen, den Wandel in der Bestattungskultur, der sich auf den Bedarf an Friedhofsflächen niederschlägt. Mehr als ein Drittel der Friedhofsflächen in Deutschland sind Überhangflächen. Sie werden nicht mehr aktiv genutzt, müssen aber teuer unterhalten werden, was die Friedhofsverwaltungen unter großen wirtschaftlichen Druck setzt.[12] Das liegt daran, dass unsere Friedhöfe auf Sargbestattung ausgelegt sind, der Trend aber zur Urnenbestattung geht, für die zum Beispiel in Berlin nur etwa ein Viertel der vorgehaltenen Fläche benötigt wird. Große Teile der Friedhöfe könnten daher nach einer Pietätsfrist in Freizeit- und Erholungsflächen umgewandelt werden.[13]

Einige Kommunen haben schon begonnen, Friedhofentwicklungskonzepte aufzustellen, um aktuelle und perspektivische Nutzungsbedarfe zu prognostizieren. Ein Beispiel ist Hamburg-Ohlsdorf: Für den mit 400 Hektar größten Parkfriedhof der Welt sind in Zukunft 270 Hektar für intensive und extensive Parknutzung vorgesehen.[14] In Hamburg wurden mit dem Wohlers Park auch schon Erfahrungen in der Umnutzung eines Friedhofs in eine Parkanlage gemacht. Die 4,6 Hektar große Fläche des ehemaligen Friedhofs Norderreihe im Bezirk Altona wird bereits seit 1979 als Grünanlage genutzt. Einfriedung, Eingänge und Wegeführung sowie alte Grabplatten und Grabmale lassen die frühere Nutzung noch deutlich erkennen. Wegen seiner kontemplativen Atmosphäre ist der Park in Hamburg auch als „Tai-Chi-Park" oder „Meditationspark" bekannt. In einem

12 Vgl. IKH – Institut für Kommunale Haushaltswirtschaft (2015): Wirtschaftlichkeit im Friedhofswesen. Helsa. S. 23 f.
13 Vgl. Rettich, Stefan (2017): „Berlin denkt weiter". In: Garten + Landschaft 5/2017. S. 42–45, hier S. 42
14 Vgl. Freie und Hansestadt Hamburg (2016): Ohlsdorf 2050. Dokumentation des Beteiligungsprozesses. Hamburg. S. 15

Multi-Level-Perspective Einzelhandel – Die Krise eröffnet ein Fenster der Gelegenheit für Nischeninnovationen, Quelle: C. Brück, M. Gantert, S. Rettich, S. Tastel – Forschergruppe Obsolete Stadt, 2020

60

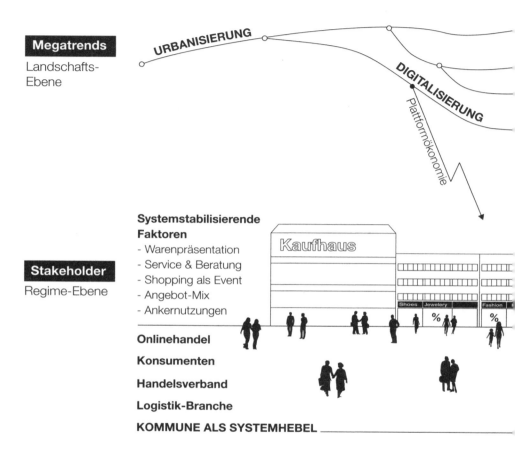

Megatrends

Landschafts-Ebene

URBANISIERUNG

DIGITALISIERUNG

Plattformökonomie

Systemstabilisierende Faktoren
- Warenpräsentation
- Service & Beratung
- Shopping als Event
- Angebot-Mix
- Ankernutzungen

Kaufhaus

Shoes | Jewelery | Fashion

Stakeholder

Regime-Ebene

Onlinehandel

Konsumenten

Handelsverband

Logistik-Branche

KOMMUNE ALS SYSTEMHEBEL

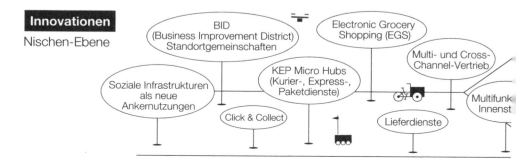

Innovationen

Nischen-Ebene

BID (Business Improvement District) Standortgemeinschaften

Electronic Grocery Shopping (EGS)

Multi- und Cross-Channel-Vertrieb

Soziale Infrastrukturen als neue Ankernutzungen

KEP Micro Hubs (Kurier-, Express-, Paketdienste)

Click & Collect

Lieferdienste

Multifunk Innenst

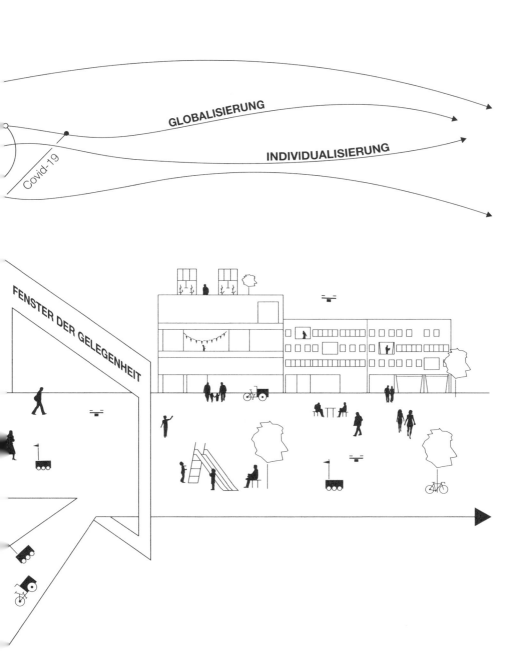

besonderen Fall in Berlin-Neukölln entstehen sogar Wohnungen und Sozialeinrichtungen auf ungenutzten Teilen eines ehemaligen Friedhofs.

Kirchen könnten ihren karitativen Ansatz also auch auf nicht mehr benötigte Flächen ausdehnen und so neue Klientel erschließen. Denn Wandel der Religiosität bedeutet nicht per se, dass die Menschen sich vom Glauben abwenden. Sie praktizieren ihn nur anders und die christliche Ethik kann in integrativen Wohnmodellen vielleicht sogar besser vermittelt werden als mit einer Predigt in der Kirche.

Covid-19 und die Notwendigkeit von Redundanzen

Städte sind Transformationsvehikel für die Gesellschaft. Die Neue Leipzig-Charta[15] beschwört diese transformative Kraft und ihre Bedeutung für das Gemeinwohl. Wenn wir eines aus der aktuellen Krise lernen können, dann ist es, dass wir es wider besseres Wissen versäumt haben, offensichtliche Transformationsfelder zu bearbeiten. Der Ruf nach Resilienz und Widerstandskraft ist daher verständlich, nur wäre eine solche auf alle Glieder der Stadt übertragene Rüstung im Alltag sicher zu schwer. Sie würde zudem Transformationen behindern, wo sie dringend erforderlich sind, wie etwa in unseren Innenstädten. Oder sie würde falsche Pfadabhängigkeiten stützen, etwa von der autogerechten Stadt, die sich gerade in der Pandemie einmal mehr als besonders resilient herausstellt: Resilienz ist also ein zweischneidiges Schwert, sie stützt sowohl Relevantes als auch Überkommenes.

Relevant und schutzbedürftig ist hingegen das Quartier. *Stay home, stay safe* – die goldene Regel der Pandemie unterstreicht die Bedeutung der Wohnung als Refugium und die des Quartiers in seiner sozialen, räumlichen und ökonomischen Dimension. Dies deckt sich auch mit aktuellen Konzepten wie der 15-Minuten-Stadt.[16] Blickt

15   Die Neue Leipzig-Charta ist eine Erklärung der für Stadtentwicklung zuständigen Minister*innen der europäischen Mitgliedsstaaten, in der gemeinsame Eckpunkte für eine gemeinwohlorientierte Stadtentwicklung festgelegt wurden. Die Charta wurde am 30. November 2020 in Leipzig unterzeichnet. Vgl. Bundesministeriums des Innern, für Bau und Heimat (BMI) (2020): „Neue Leipzig-Charta: Die transformative Kraft der Städte für das Gemeinwohl". https://www.bmi.bund.de/SharedDocs/downloads/ DE/veroeffentlichungen/2020/eu-rp/gemeinsame-erklaerungen/neue-leipzig-charta-2020.pdf;jsessionid=E82409E4CE128AC2AB2F45DECEA5A91D.1_cid295?__blob=publicationFile&v=6 (letzter Zugriff: 07.03.2021)
16   Vgl. Moreno, Carlos; Garnier, Marina (2020): La Ville du quart d'heure. Livre Blanc Nr. 2. http://www.moreno-web.net/wordpress/wp-content/uploads/2020/11/Etude-ville-quart-heure.pdf (letzter Zugriff: 04.04.2021)

man in die Geschichte zurück, zeigt sich aber, dass fast alle Forderungen bereits in den vier Punkten zur Mannigfaltigkeit von Städten von Jane Jacobs enthalten sind.[17] Bevor also über neue Leitbilder diskutiert wird, wäre es angebracht, zunächst die alten und offensichtlich bis heute gültigen ins Werk zu setzen und aufgestaute Transformationen voranzubringen.

Die Krise lehrt zudem, dass die Nachhaltigkeitsziele nur über den Einsatz von Substrategien zu erreichen sind. Neben gezielter Resilienz und Subsistenz sind dies in erster Linie Redundanzen – bei den globalen Lieferketten, bei der Lagerhaltung oder beim Personal in den Kommunen und im Gesundheitssystem. Auch in der Stadtentwicklung benötigen wir dringend eine Lagerhaltung, die uns Spielräume für die sogenannten *Known Unknowns*[18] zurückgibt, also für jene Herausforderungen, die wir kennen, von denen wir aber nicht wissen, wann und in welchem Umfang sie wieder auf den Plan treten werden. Und das betrifft nicht nur diese Pandemie, sondern genauso die Weltfinanzmarktkrise mit ihren unerwarteten Auswirkungen auf Boden-, Immobilienpreise und Mieten, Migrationsbewegungen mit ihrem Raumbedarf für Erstunterbringung, den anhaltenden Zuzug in die Großstädte und den damit verbundenen Wohnungsmangel und nicht zuletzt den Klimawandel, der für die Zukunft noch viel Unerwartetes bereithalten wird. All jene Herausforderungen sind uns bekannt und für jede einzelne bedarf es Flächen für die Innenentwicklung, die kaum noch vorhanden sind.

Gerade deshalb ist es wichtig, die perspektivischen Obsoleszenzen in den Städten als Chance zu begreifen – und diese Flächen nicht dem freien Spiel der Märkte und der Spekulation zu überlassen. Sie werden mehr denn je gebraucht, für eine gemeinwohlorientierte und klimagerechte Stadtentwicklung.

Der Text basiert auf Erkenntnissen des Forschungsprojekts *Obsolete Stadt*, das von der Robert-Bosch-Stiftung gefördert wird (www.obsolete-stadt.de).

17   Vgl. Jacobs, Jane (2015): Tod und Leben großer amerikanischer Städte. Bauwelt Fundamente. Basel. S. 96–131
18   Der Begriff geht auf Donald Rumsfeld zurück und dessen Umschreibung der Fragestellungen vor dem Dritten Golfkrieg. Er wird seither in der Wissenschaft im Bereich der Risikoabschätzungen verwendet. Vgl. hierzu auch: Münkler, Herfried; Münkler, Marina (2020): „Der Einbruch des Unvorhersehbaren und wie wir uns zukünftig darauf vorbereiten sollten". In: Bernd Kortmann; Günther G. Schulze (Hrsg.): Jenseits von Corona. Unsere Welt nach der Pandemie – Perspektiven aus der Wissenschaft. Bielefeld. S. 103

Un-spektakulär

Klein- und Mittelstädte machen Furore in der Stadtforschung

Klein- und Mittelstädte standen lange Zeit nicht im Fokus von Stadtforschung und Stadtplanung.[1] Das hing unter anderem damit zusammen, dass sie im Schatten der wachsenden Großstadtregionen standen und auf unspektakuläre Weise einfach funktionierten. Erst ab den 2010er-Jahren wurde der politische und planerische Fokus stärker auf die kleineren Städte gerichtet, unter anderem durch das Städtebauförderungsprogramm *Kleinere Städte und Gemeinden*. Gründe dafür waren auch die sichtbar werdenden, zunehmenden räumlichen Disparitäten zwischen den prosperierenden und von der Reurbanisierung profitierenden Großstadtregionen und den in Teilen – auch ökonomisch – abgehängten ländlichen Räumen. Durch den demografischen Wandel haben diese Orte nicht nur Bevölkerung und Arbeitsplätze verloren, sondern auch einen Teil ihrer Funktionen.[2]

Mittlerweile ist die Zukunftsfähigkeit von Mittel- und Kleinstädten wieder Thema planerischer (und medialer) Debatten geworden, verstärkt durch den zunehmenden Zuzug junger Erwachsener, die unter anderem durch die gestiegenen Immobilienpreise und Mieten in den Großstädten das Leben auf dem Land für sich ent-

1   Vgl. Porsche, Lars; Milbert, Antonia (2018): „Kleinstädte in Deutschland. Ein Überblick". In: Informationen zur Raumentwicklung (IzR) 6/2018. S. 4–21
2   Vgl. Bundesministerium des Innern, für Bau und Heimat (BMI) (Hrsg.) (2020): Schwerpunktthema Stadtumbau in Klein- und Mittelstädten und Schlussfolgerungen für das neue Programm „Wachstum und nachhaltige Erneuerung". Bundestransferstelle Stadtumbau. Berlin. S. 4–6

decken. Die aktuellen Debatten um die Bedeutung des Homeoffice, das in Zeiten der Covid-19-Pandemie und der beschleunigten Digitalisierung in vielen Lebensbereichen (mehr oder weniger freiwillig) einen Boom erfährt, verstärken diesen Trend.[3]

Die Bezeichnung Klein- und Mittelstädte wird häufig für Stadt- und Gemeindetypen genutzt, die sich irgendwo zwischen Großstadt und Land einordnen lassen. Eine einheitliche Auffassung, was unter Klein- und Mittelstädten genau zu verstehen ist, besteht nicht.[4] Die Raumbeobachtung des Bundesinstituts für Bau-, Stadt- und Raumforschung (BBSR) klassifiziert nach Kleinstädten mit 5000 bis 20.000 Einwohner*innen und mindestens einer grundzentralen Funktion, zum Beispiel der Lebensmittelversorgung, und nach Mittelstädten mit 20.000 bis 100.000 Einwohner*innen und einer mittelzentralen Funktion, zum Beispiel Fachärzt*innen oder weiterführende Schulen. Demnach gibt es in Deutschland zurzeit etwa 2100 Kleinstädte und 620 Mittelstädte, in denen zusammen rund 58 Prozent der Gesamtbevölkerung leben.[5]

Klein- und Mittelstädte stabilisieren ländliche Räume als wichtige Orte für Wohnen, Arbeit und Handel sowie als soziale Treffpunkte. Zusätzlich bieten sie ein lebenswertes und ruhiges Umfeld und entlasten den angespannten Wohnungsmarkt in den Großstadtregionen.[6] Die Entwicklungsperspektiven sind allerdings nicht gleich, sie entscheiden sich in Abhängigkeit von der Lage, das heißt vor allem je nach Nähe zu Großstadtregionen und der Verkehrsanbindung.

Ihre Zentren unterscheiden sich strukturell und historisch kaum von denen größerer Städte. Sie sind traditionell durch einen Funktionsmix aus Handel, Handwerk, Gewerbe und Wohnen und dem baulich sichtbaren Dreiklang aus Kirche, Rathaus und Marktplatz geprägt. In vielen Städten wirken diese Strukturen zusammen mit öffentlichen

---

3   Vgl. Book, Simon; Jauernig, Henning; Jung, Alexander; Keller, Maren; Schulz, Thomas; Wille, Robin (2020): „Wie wir arbeiten, leben, wohnen werden". In: Der Spiegel 37/2020. S. 10–19

4   Vgl. Porsche, Lars; Steinführer, Annett; Sondermann, Martin (Hrsg.) (2019): Kleinstadtforschung in Deutschland. Stand, Perspektiven und Empfehlungen. Arbeitsberichte der ARL 28. Hannover

5   Bundesinstitut für Bau-, Stadt und Raumforschung (BBSR) (2017): Laufende Stadtbeobachtung – Raumabgrenzungen. Stadt- und Gemeindetypen in Deutschland. https://www.bbsr.bund.de/BBSR/DE/forschung/raumbeobachtung/downloads/downloadsReferenz2.html (letzter Zugriff: 24.06.2021)

6   Vgl. Weidner, Silke (2020): „Provinzstädte als Anker im Raum". In: Christian Krajewski; Claus-Christian Wiegandt (Hrsg.): Land in Sicht. Ländliche Räume in Deutschland zwischen Prosperität und Peripherisierung. Bonn. S. 152 ff.

Räumen identitätsstiftend.[7] Doch sie verlieren zunehmend ihre
Bedeutung.

Der Bedeutungsverlust der Zentren wurde vor allem durch die Automobilisierung beschleunigt, die gerade in kleinen Kommunen mit einem unattraktiven öffentlichen Nahverkehr einhergeht. Konkurrenzstandorte oder Großstädte in der Region sind mit dem Auto in der Regel schnell und bequem erreichbar, die Notwendigkeit, die nahegelegene Ortsmitte aufzusuchen, entfällt. Die Emissionen und die Flächeninanspruchnahme des Autoverkehrs haben nicht zuletzt dazu beigetragen, dass der öffentliche Raum seine Kommunikations- und Aufenthaltsfunktion verloren hat.

Im Ergebnis haben sich die Treffpunkte entweder ins Private, ins Digitale, in die vor der Stadt liegenden Fachmarktzentren oder in die nächstgrößere Stadt verlagert. Die Landgasthöfe, die einst soziale Treffpunkte in Kleinstädten waren, werden immer weniger.[8] Hinzu kommt, dass die kleinteiligen städtebaulichen Strukturen nicht mit den aktuellen Flächenanforderungen im Einzelhandel oder im produzierenden Gewerbe übereinstimmen. Viele Arbeitsplätze sind mittlerweile an dezentralen Bürostandorten, in Gewerbegebieten oder in den Innenstädten der nächstgrößeren Städte zu finden.

Mit Unterstützung der öffentlichen Hand und verschiedenen Förderprogrammen konnten in vielen Städten Gebäude saniert und der öffentliche Raum umgestaltet werden.[9] Es wurden Familien- und Bürger*innenzentren gebaut,[10] Wohnungen oder Gesundheitszentren, es wurden ehemalige Kaufhäuser umgenutzt oder Bibliotheken saniert.[11] Der strukturelle Wandel konnte dadurch allerdings nicht aufgehalten werden. Dabei sind die Herausforderungen, die sich für die Zentren in den Klein- und Mittelstädten ableiten, durchaus bekannt.

7   Vgl. Anders, Sascha; Kreutz, Stefan; Krüger, Thomas (2020): „Corona und die Folgen für die Innenstädte". In: Informationen zur Raumentwicklung (IzR) 4/2020. S. 58–64
8   Vgl. Sprockhoff, Anna (16.04.2018): „Landgasthöfe. Bis zum letzten Bier". In: Zeit Online. https://www.zeit.de/gesellschaft/2018-04/landgasthoefe-sterben-niedersachsen-neuhaus-ueberland-d18 (letzter Zugriff: 28.03.2020)
9   So unter anderem im Rahmen der Städtebauförderungen Aktive Stadt- und Ortsteilzentren sowie Kleinere Städte und Gemeinden
10   Vgl. Bundesministerium für Umwelt, Naturschutz, Bau und Reaktorsicherheit (BMUB) (Hrsg.) (2017): Zukunftsweisende Ansätze in kleineren Städten und Gemeinden. Strategien und Projekte aus dem Städtebauförderungsprogramm. Berlin; IfS (2018): Zwischenevaluierung des Programms „Kleinere Städte und Gemeinden – überörtliche Zusammenarbeit und Netzwerke". Endbericht, in Kooperation mit EBP. Bonn
11   Vgl. BBSR (Hrsg.) (2018): Zehn Jahre Aktive Stadt- und Ortsteilzentren. Vierter Statusbericht zum Zentrenprogramm der Städtebauförderung. Berlin/Bonn

In der jüngeren Vergangenheit haben sich eine Reihe von Analysen, Entwicklungskonzepten und Studien mit den strukturellen Schwächen der Klein- und Mittelstädte auseinandergesetzt. Viele legten den Fokus auf die Stärkung der Ortsmitten. So formuliert zum Beispiel die Bundesstiftung Baukultur drei Handlungsempfehlungen: „Den Ortskern stärken und vitalisieren", „Dorf braucht Mischung" und „Das Ortsbild baukulturell stärken".[12] Sie weist unter anderem darauf hin, dass es darauf ankomme, im Ortszentrum neuartige, gemischte und bedarfsgerechte Konzepte zu entwickeln und zu betreiben. Als Akteur*innen stellt die Bundesstiftung Baukultur dafür Privateigentümer*innen, soziale Initiativen und Gewerbetreibende heraus.

Ähnliche strategische Ansätze betont auch das BBSR in seiner 2018 veröffentlichten Studie *Urbane Kleinstädte*.[13] Angesichts der Entwicklung hin zu Bevölkerungsrückgang und Alterung empfiehlt diese, die spezifischen Standortqualitäten auszubauen und die Lebensqualität vor Ort zu steigern – sowohl für Alteingesessene als auch für Zugezogene. Als große Herausforderung benennt sie die anhaltende Ausweisung neuer Flächen für Gewerbe und Wohnen an den Siedlungsrändern, die dazu führe, dass der Ortskern seine Funktionen verliere und Gebäude dort zunehmend leer stünden – der sogenannte Donut-Effekt. Dies ist mit der Forderung verbunden, Innenstädte und Ortskerne zu revitalisieren und dort den Einzelhandel zu stärken. Dabei wird auf die angespannte Finanzlage vieler Kommunen hingewiesen, die sowohl Investitionen in die Daseinsgrundversorgung im gesundheitlich-sozialen Bereich und im öffentlichen Nahverkehr als auch die Modernisierung der technischen Infrastruktur für Zukunftstechnologien erschwere.[14] Dazu gehören die Digitalisierung, die Energieversorgung und umweltverträgliche Mobilitätskonzepte, die wiederum die regionale Wirtschaftskraft aufrechterhalten und die Beschäftigung vor Ort sichern.

Die 2019 erschienene Studie *Lage und Zukunft der Kleinstädte in Deutschland* greift einige dieser Themen auf und ergänzt sie durch (stadt-)planerische Handlungsansätze für die Vitalisierung und

12   Bundesstiftung Baukultur (BSBK) (2016) (Hrsg.): Baukulturbericht 2016/17. Stadt und Land. Potsdam

13   BBSR (Hrsg.) (2018): Urbane Kleinstädte. Bonn

14   Ebd. S. 14–31

Nutzungsmischung der Ortskerne.[15] Genannt werden unter anderem
eine kommunale Einzelhandelssteuerung und Koordinierungsstelle
(„Kümmerer"), die Anwendung des besonderen Städtebaurechts
sowie die Städtebauförderung, die Gewährleistung der Grundversorgung mit Lebensmitteln, Grundschulen und Kitas sowie die
Kulturförderung. Außerdem wird die Bedeutung von Wohnungs-
neubau und Bestandsentwicklung sowie die Gewerbeförderung
herausgestellt.[16]

Parallel zu diesen eher klassischen Studien hat sich die Stadtforschung mit den Potenzialen von ländlichen Räumen und Kleinstädten vor dem Hintergrund des Zuzugs der urbanen, kreativen
Bildungs-Mittelschicht auseinandergesetzt. Die Studie *Urbane
Dörfer* (2019) untersucht die Chancen und Herausforderungen, die
sich durch diesen neuen Trend für die jeweiligen Orte ergeben. Im
Fokus steht dabei die Kombination aus digitalen Arbeitsweisen
(unter anderem im Coworking) und dem Wohnen auf dem Land. Die
in der Studie untersuchten Stadt-Land-Wanderungen werden nicht
nur von den gestiegenen Wohnkosten in den Großstädten verursacht (Push-Faktor), sondern sind auch geprägt von dem Wunsch
nach mehr Platz, einem grünen Umfeld, „nach Ursprünglichkeit,
Authentizität und handwerklicher Produktion" und einem gemeinschaftlichen Wohn- und Arbeitsverständnis (Pull-Faktoren).[17] Grund-
voraussetzung für diese neue Bewegung ist allerdings eine gute
technische Infrastruktur. In eine ähnliche Richtung argumentiert
auch die Studie von der Bertelsmann Stiftung (2020), die sich auf
die Potenziale von Coworking in Kleinstädten und ländlichen Räumen konzentriert.[18]

In den letzten Jahren gewannen diese neuen Arbeits- und Lebens-
formen zwar an Zuspruch, abseits der großen Städte überwiegt aber
nach wie vor die Abwanderung aus den Klein- und Mittelstädten.
Trotzdem können diese Ansätze Hinweise auf mögliche Entwicklungspotenziale geben, die aktuell vor allem im Hinblick auf die Auswirkungen der Covid-19-Pandemie und der wachsenden Bedeutung
des Homeoffice intensiv diskutiert werden.

15   Vgl. BBSR (Hrsg.) (2019): Lage und Zukunft der Kleinstädte in Deutschland –
      Bestandsaufnahme zur Situation der Kleinstädte in zentralen Lagen. Bonn
16   Ebd. S. 64–69
17   Vgl. Berlin-Institut; Neuland21 (Hrsg.) (2019): Urbane Dörfer. Wie digitales Arbeiten
      Städter aufs Land bringen kann. Berlin. S. 6–7
18   Vgl. Bertelsmann Stiftung (Hrsg.) (2020): Coworking im ländlichen Raum. Menschen,
      Modelle, Trends. Gütersloh

Es ist davon auszugehen, dass vor allem jene Ortsmitten in Klein-
und Mittelstädten attraktiver werden, die von positiven oder zumindest weitestgehend stabilen sozioökonomischen Rahmenbedingungen gekennzeichnet sind. Gleiches ist für suburbane Stadtteilzentren anzunehmen. Für peripher gelegene Kleinstädte im ländlichen
Raum mit deutlich zurückgehenden Bevölkerungszahlen dürften die
Entwicklungspotenziale trotz einiger punktuell interessanter Pro-
jektansätze auch in Zukunft tendenziell gering bleiben.

Die Covid-19-Pandemie verändert zwar wesentliche Ausgangs-
bedingungen und erschwert durch die enormen ökonomischen
Auswirkungen insgesamt eine nachhaltige Innenentwicklung der
Klein- und Mittelstädte sowie der Stadtteilzentren. Gleichzeitig
birgt sie aber auch Chancen, den „Trendbeschleuniger" Pandemie
in Bezug auf die Digitalisierung zu nutzen, zum Beispiel durch dezentrale Büroarbeitsplätze oder neue Geschäftsformate. Allerdings
zeichnet sich auch eine erhebliche Beschleunigung des skizzierten
Strukturwandels im Einzelhandel ab, die es erforderlich macht, sich
planerisch und politisch intensiver mit der Entwicklung der Zentren
in Klein- und Mittelstädten zu beschäftigen.

Neben einer Förderung für Gewerbetreibende zum Beispiel beim
Aufbau von digitalen Warenwirtschaftssystemen und standort-
unabhängigem Click and Collect sowie der Verbesserung der
technischen Infrastruktur erscheint es wesentlich, kooperative
Planungs- und Managementansätze zu stärken, bei denen sowohl
Gewerbetreibende und Immobilieneigentümer*innen als auch
kulturelle und soziale Akteur*innen vor Ort integriert werden. Dabei
kommt den Kommunen als koordinierende Instanz eine große Bedeutung zu. Gerade Klein- und Mittelstädte können von den kurzen
Wegen innerhalb der Verwaltung profitieren.

Um die Attraktivität und Aufenthaltsqualität der Zentren zu stärken
und die Maßnahmen zu koordinieren, muss die Kommune Ressourcen bereitstellen, aber auch die gewerblichen, kulturellen und zivil-
gesellschaftlichen Akteur*innen sind gefragt. Lebensmittelmärkte
als Ankerpunkte haben eine entscheidende Bedeutung. Ist die
Versorgung für den täglichen Bedarf gesichert, besteht die Chance,
dass sich weitere Nutzungen in den Ortsmitten halten oder neu ansiedeln. Neben der Gastronomie und dem Dienstleistungshandwerk

können dies auch Dienstleistungen sein, die, wie etwa Repair-Cafés, von persönlichen Kontakten profitieren.

Aufgabe eines Entwicklungsmanagements ist es, digital gestützte Konzepte für Einzelhandel, Dienstleistung, Handwerk und Gastronomie – oder Kombinationen davon – für leerfallende Gewerbeflächen zu erarbeiten. Wenn es gelingt, attraktive Coworking-Räume aufzubauen, können gerade suburbane Zentren und Kleinstädte, aber auch Kleinstädte im ländlichen Raum, von der wachsenden Bedeutung des mobilen Arbeitens profitieren. Dies kann nicht nur für Freiberufler*innen attraktiv sein. Größere Betriebe aus einer Region, die einen Teil ihrer Büroarbeitsplätze auslagern, könnten kooperieren, um die Grundauslastung für eine Bürogemeinschaft abzusichern und so die Kosten der unterschiedlichen Arbeitsorte (Stammbüro, Homeoffice, Coworking-Platz) zu senken.

Mittlerweile gibt es mehrere Beispiele für bürgerschaftliches Engagement in den Zentren von kleinen Städten. Die Bürgergenossenschaften in Hannoversch Münden[19] und Holzminden[20] zeigen, wie in Regionen mit geringen Immobilienpreisen leerstehende oder mindergenutzte Gebäude saniert und neuen Nutzungen zugeführt werden können. Während in den oberen Geschossen gewohnt wird, entsteht im Erdgeschoss Raum für Handel, Gastronomie, Kultur, Handwerk und Büroarbeit, für Coworking und Pop-up-Konzepte.

Der entscheidende Faktor für eine (Re-)Vitalisierung der Zentren ist die Kooperation mit den Eigentümer*innen der Immobilien. Dabei kann es hilfreich sein, wenn die Kommunen von den Interventionsmöglichkeiten Gebrauch machen, die ihnen das Planungsrecht zugesteht. So können Vorkaufsrechte oder zwischenzeitliche Immobilienankäufe Entwicklungen beeinflussen. Außerdem ermöglicht das Besondere Städtebaurecht (Sanierungsrecht, Städtebauförderung), über bauliche Maßnahmen hinaus die funktionale Stabilität der Ortsmitten wesentlich stärker zu beeinflussen, als das bislang der Fall war. Das stärkere Eingreifen der öffentlichen Hand in den Immobilien- und Bodenmarkt kann auch dazu genutzt werden, die neu anzusiedelnden (oder bestehenden) Lebensmittelmärkte als Mixeduse-Konzepte zu konzipieren, das heißt mit Wohnungen, Räumen für

19 Vgl. Bürgergenossenschaft Mündener Altstadt eG (o. D.): https://www.bg-hmue.de/de/index.php (letzter Zugriff: 22.02.2021)
20 Vgl. Bürgergenossenschaft Holzminden eG (o. D.): https://bg-hol.de/ (letzter Zugriff: 22.02.2021)

Kitas, medizinische Einrichtungen oder Kulturzentren in den oberen Etagen zu kombinieren, die dann im „Huckepack" realisiert werden.

Zu befürchten ist, dass der Wandel hin zu einer klimafreundlichen Mobilität in den suburbanen und ländlichen Kleinstädten nur mit einer großen Kraftanstrengung umzusetzen sein wird. Aufgrund der geringeren Bevölkerungsdichte sind die täglichen Wege lang, und der ÖPNV ist nach wie vor eine wenig attraktive Alternative zum eigenen Pkw. Für eine bessere Aufenthaltsqualität im öffentlichen Raum sollten bei Neubauplanungen aber Radwege und fußläufige Anbindungen zumindest gleichberechtigt behandelt werden, E-Bikes (auch als Lastenrad) als Fortbewegungsalternative gefördert und Pkw-Stellplätze so angeordnet werden, dass sich die neuen Baukörper besser in die gewachsenen Strukturen einfügen, etwa hinter oder auf den Gebäuden. Auch hierzu gibt es mittlerweile viele positive Beispiele.

Für Klein- und Mittelstädte in suburbanen und auch in den ländlichen Räumen ergeben sich Chancen durch wohnortnahe Versorgungsstrukturen, digital gestützte Waren- und Dienstleistungsangebote sowie durch den Schub, den dezentrale „Büro"-Arbeit erhalten hat. Werden diese Potenziale genutzt, könnten die Vorteile der attraktiven Lebens- und Umweltbedingungen die Nachteile der relativ geringen Vielfalt und Dichte von beruflichen wie privaten Kontakten ausgleichen. Dennoch wird es in absehbarer Zukunft kaum zu einem Ansturm auf die Kleinstädte kommen. In stabilen oder wachsenden Regionen bestehen jedoch Chancen, dass sie einen Beitrag zur Sicherung „gleichwertiger Lebensverhältnisse"[21] in Deutschland leisten können. Dies setzt voraus, dass Politik, Verwaltung und private Akteur*innen diese auch ergreifen. Dass sie sich in der Regel recht gut kennen, kann Vorteil, aber auch Problem sein. Es wird darauf ankommen, dass die kurzen Wege innerhalb der Orte und Strukturen produktiv genutzt werden.

21   BMI (Hrsg.) (2019): Unser Plan für Deutschland. Gleichwertige Lebensverhältnisse überall. Berlin

Doris Kleilein

Stadtmüde

Vorboten eines neuen Landlebens

Es gehört zu den Erzählungen der Pandemie, dass die Urbanität in der Krise ist. Rem Koolhaas, seit seinem 1978 erschienenen Buch *Delirious New York* einer der einflussreichsten Theoretiker der Stadt, sieht im Landleben einen Ausweg aus der gesellschaftlichen Sackgasse, zu der das Leben in Städten zu werden drohe: „Wir haben es zugelassen, dass sich unsere Grundwerte verschoben haben: von Freiheit, Gleichheit und Brüderlichkeit zu einem Fetisch für Bequemlichkeit, Sicherheit und Nachhaltigkeit." Die Bewohner*innen von Städten, so Koolhaas weiter, hätten nur wenig Sinn für Handlungsspielräume, das Achselzucken sei die vorherrschende Geste geworden. Auf dem Land hingegen gäbe es mehr Bewegungsfreiheit und Raum für Improvisation.[1]

Die Aussage trifft einen Nerv im Corona-Alltag: Das Leben in der Stadt wird immer beengter und die Provinz (wie der ländliche Raum noch vor einigen Jahren bezeichnet wurde) erfährt eine neue Wertschätzung: mehr Platz für weniger Geld, mehr Grün, mehr Freiraum. Noch liegen keine Zahlen vor, die belegen können, ob aus der Stadtmüdigkeit eine Flucht aufs Land wird. Noch ist weltweit und auch in Deutschland der Zuzug in die Schwarmstädte die vorherrschende Bewegungsrichtung. Doch in der Pandemie eröffnen sich – unvorhergesehen und ungeplant – auf einmal neue Handlungsspielräume, vor allem durch das digitale Arbeiten. Ein Drittel aller Angestellten in Deutschland hat in der Corona-Krise zeitweise zu Hause gearbeitet, machbar wäre es sogar für die Hälfte.[2] Noch nie konnten so viele Menschen ihren Job aufs Land mitnehmen oder sind nicht mehr täglich zur Arbeit in die Stadt gependelt. In der Stadtplanung stellt dies Gewissheiten infrage und zwingt zu einer Neubewertung

1   Alexander, Matthias (12.03.2021): „Freiheit statt Komfort". https://www.faz.net/aktuell/feuilleton/debatten/architekt-rem-koolhaas-preist-innovationsgeist-in-afrika-17241851.html (letzter Zugriff: 02.08.2021)
2   Vgl. Alipour, Jean-Victor; Falck, Oliver; Peichl, Andreas; Sauer, Stefan (03.03.2021): „Homeoffice-Potenzial weiter nicht ausgeschöpft". https://www.ifo.de/DocDL/sd-2021-digital-06-alipour-etal-homeoffice.pdf (letzter Zugriff: 02.08.2021)

und Kanalisierung von Entwicklungen, von der Mobilität über gesellschaftliche Teilhabe bis hin zum Umgang mit Grund und Boden. Das freistehende Einfamilienhaus mit Garten, längst aus ökologischen Gründen als Auslaufmodell gehandelt, wird seit Beginn der Pandemie wieder vermehrt nachgefragt, im Berliner Speckgürtel stieg die Nachfrage sogar um 75 Prozent.[3] Die Bundesregierung entfernt sich immer weiter von ihrem Ziel, die Zersiedelung der Landschaft zu begrenzen. Es braucht also Alternativen zum Einfamilienhaus, zum Neubau, zur reflexhaften Ausweisung von neuem Bauland. Das gemeinschaftliche Wohnen und Arbeiten im Bestand, bislang noch die Ausnahme auf dem Wohnungsmarkt, könnte den sozial und ökologisch verträglichen Weg in ein neues Landleben weisen.

Landgenossenschaften

Waren Baugruppen und neu gegründete Genossenschaften bislang vorwiegend ein urbanes Phänomen, werden jetzt auch große Liegenschaften fernab der Ballungszentren attraktiv: sanierungsbedürftige Höfe und Gutshäuser, stillgelegte Industrieanlagen, aufgelassene Militär- und Bahngelände. Oft sind es Liegenschaften mit Bestand, der lange leer stand: zu groß für eine Familie oder Kleingruppe, zu abgelegen für die klassische Projektentwicklung, zu sperrig für konventionelle Nutzungskonzepte. Auf Inititiative von Privatpersonen und zum Teil auch unter dem Dach von Stiftungen oder städtischen Wohngenossenschaften entstehen mehr und mehr kollektive Projekte auf dem Land. Die Klientel, die sich dafür interessiert und sich oft auf Co-Housing-Plattformen kennenlernt, könnte man prototypisch so skizzieren: selbstständig und akademisch ausgebildet, bereit zu teilen (Gartenarbeit, Kinderziehung, Gemeinschaftsräume, Autos und E-Bikes), aufgeschlossen gegenüber neuen Wohnformen, auf der Suche nach Gemeinschaft. Was für die gut verdienende urbane Mittelschicht vor 20 Jahren die Baugruppe in der Innenstadt war, ist heute der Hof auf dem Land, idealerweise mit Bahnanschluss in der Nähe.

Etwa 6 Prozent der Bevölkerung haben Interesse am gemeinschaftlichen Wohnen und Arbeiten, sagt Rolf Novy-Huy, Vorstand der Stiftung trias: „Es sind die ganz jungen Leute. Oder die, bei denen ein

3   Vgl. Engelbrecht, Sebastian (24.03.2021): „Immobilienentwicklung in der Pandemie: Von der Krise keine Spur". https://www.deutschlandfunk.de/immobilienentwicklung-in-der-pandemie-von-krise-keine-spur.766.de.html?dram:article_id=494661 (letzter Zugriff: 02.08.2021)

Gemeinschaftlich wohnen und arbeiten auf dem Land: Hof Prädikow, einer der größten Vierseitenhöfe Brandenburgs. Foto: Peter Ulrich

biografischer Wechsel ansteht: Raus aus dem zu groß gewordenen
Einfamilienhaus, rein in eine kleine, barrierefreie Wohnung."[4]

Die 2002 gegründete Stiftung trias ist ein Anker der Bewegung des kollektiven Wohnens und als „gemeinnütziger
Bodenträger" die Antithese zum kommerziellen Immo-
bilienentwickler: Sie erwirbt Grundstücke und stellt sie
Gemeinschaftsprojekten im Erbbaurecht zur Verfügung.
Wohnprojekte können sich darüber hinaus um die finanzielle
Unterstützung von Umwelt- und Klimaschutzmaßnahmen
bewerben. Die Auflagen sind individuell verhandelbar, einge-
fordert wird lediglich die Verwendung ökologischer Baustoffe
und einheimischer Pflanzen. Gut 40 Projekte hat die Stiftung
unter ihrem Dach versammelt. 20 Prozent der Projekte sind
Neubauten, 80 Prozent Umbauten im Bestand. Aktuell fördert
die Stiftung keine Neubauten mehr.

Nur ein kleiner Teil der Stiftungsprojekte findet sich bislang im ländlichen Raum. Gemeinschaftliche Projekte in Großstädten hätten es
leichter, so Novy-Huy. Auf dem Dorf oder am Rand von Kleinstädten
fehle die kritische Masse an Interessierten. Seit Beginn der Corona-
Pandemie könne man aber beobachten, dass viele bereit sind,
weiter aus der Stadt herauszugehen und dass bestehende Projekte
keine Probleme mehr hätten, die Flächen zu belegen.

Der Hof Prädikow in der Märkischen Schweiz ist das ländliche
Vorzeigeprojekt der trias-Stiftung: einer der größten Vierseitenhöfe Brandenburgs mit 15 ehemals landwirtschaftlich
genutzten Gebäuden und 9 Hektar Land, seit 2017 in Entwicklung als neuer Standort zum Wohnen und Arbeiten. 2021 ziehen die ersten Bewohner*innen ein, insgesamt 100 Menschen
sollen in Zukunft das weitläufige Gelände im 250-Seelen-Dorf
Prädikow eine gute Stunde östlich der Berliner Stadtgrenze
bewohnen. Grund und Boden sind im Stiftungseigentum und
werden im Erbbaurecht an die Berliner Mietergenossenschaft
Selbstbau e.G. verpachtet, die Stück für Stück den Bestand
saniert und umbaut. Die 2021 fertiggestellte „Dorfscheune"

am Eingang des Geländes mit Kneipe, Veranstaltungsräumen und Coworking Spaces steht dem ganzen Dorf und Gästen offen.

In Prädikow blitzt die Zukunft des Landlebens auf, wie an vielen Orten rund um Berlin. Bereits kurz vor Ausbruch der Pandemie wurden in der Studie *Urbane Dörfer. Wie digitales Arbeiten Städter aufs Land bringen kann*[5] gemeinschaftlich orientierte Wohnprojekte in den neuen Bundesländern untersucht: von ländlichen Genossenschaften wie dem Uferwerk in Werder (Havel) mit Car-Sharing, Reparaturwerkstatt und Lebensmittelkooperative oder dem Gut Stolzenhagen an der Oder mit Gästehaus und Kulturzentrum über kleine Gemeinschaften mit fünf bis zehn Mitgliedern und Coworking Spaces in sanierten Gutshöfen bis hin zu Wohnprojekten mit Künstlerresidenzen wie in einem instandgesetzten Plattenbau in Libken in der Uckermark. Überwiegend nutzen und erweitern die Initiativen den Bestand, doch es ist auch ein Neubauvorhaben dabei, das KoDorf in Wiesenburg (Mark), wo – nach dem Vorbild von Feriendörfern – eine Siedlung mit verschiedenen Haustypen, Gästezimmern, Coworking- und Gemeinschaftsräumen geplant ist.

Die Ballung von Projekten im dünn besiedelten Brandenburg ist dem *Spillover* der Berliner Kulturszene zu verdanken, die auf dem angespannten Immobilienmarkt der Hauptstadt keine bezahlbaren Flächen mehr findet. Doch auch in anderen Bundesländern entstehen Wohngenossenschaften auf dem Land, wie etwa südlich von München, wo die Verteilungskämpfe um bezahlbaren Wohnraum schon seit Jahrzehnten ausgetragen werden. Während viele deutsche Großstädte mehrheitlich aus Single-Haushalten bestehen, wird in leerstehenden Klöstern die Rückkehr zur Gemeinschaft und zum Gemeinwohl geprobt. Es sind Repräsentationsbauten, die bereits für große Gemeinschaften gebaut wurden und eine Vergangenheit als kulturelle Zentren haben: Was könnte sich besser eignen für eine Neudefinition des Landlebens?

Kloster Schlehdorf, eine barocke Anlage mit Realschule und Kapelle am bayrischen Kochelsee, wurde 2019 an die Münchner WOGENO verkauft, eine genossenschaftliche Dachorganisation für Wohnprojekte, die seit ihrer Gründung 1993

5   Vgl. Berlin-Institut; Neuland21 e.V. (Hrsg.) (2019): Urbane Dörfer. Wie digitales Arbeiten Städter aufs Land bringen kann. Berlin

25 Häuser mit rund 830 Wohneinheiten erworben oder neu gebaut hat. Die verbliebenen Schwestern der Missionsdominikanerinnen sind in einen Neubau auf dem Areal gezogen, das Klostergebäude selbst soll zum Cohaus Kloster Schlehdorf transformiert werden, zu einem Ort für Wohnen, Arbeiten, Seminare und Veranstaltungen. Dem Kauf ging eine eineinhalbjährige Phase des Testwohnens und der Konzeptentwicklung voraus. In dem Altbau mit 300 Zimmern und insgesamt 10.000 Quadratmetern Fläche sollen in den kommenden Jahren unter anderem sechs große Clusterwohnungen und verschiedene temporäre und dauerhafte Wohnangebote entstehen.

Die Weiterentwicklung der Klöster steht erst am Anfang. Hunderte christliche Klöster in Deutschland und Europa werden in den kommenden Jahrzehnten für neue Nutzungen zur Verfügung stehen, sagt Ulrike Rose, die in Schlehdorf den Verein Zukunft Kulturraum Kloster mitbegründet hat: „Die Zahl der Schwestern und Brüder sinkt kontinuierlich, die Kirchen müssen große Klosterbauten aufgeben, die wenigen verbliebenen Ordensgemeinschaften werden zusammengelegt."[6]

Die neuen säkularen Gemeinschaften müssen sich erst noch formieren und viele Fragen sind offen: Nach welchen Regeln will man zusammenleben? Wie geht man mit unterschiedlichen Verbindlichkeiten und Anwesenheiten um, wie kann die neue Bewohnerschaft – im Idealfall – an den ursprünglichen sozialen oder spirituellen Auftrag der Klöster anknüpfen? Und auch: Wie bleibt der Wohnraum in den historischen, oft denkmalgeschützten Anlagen bezahlbar? Die weitläufigen Gemeinschaftsflächen – Flure, Großküchen, Gebetsräume – müssen mitfinanziert und genutzt werden, die Schlafzimmer, ehemalige Zellen, sind klein. Privatheit und Öffentlichkeit müssen neu verhandelt werden, maßgeschneiderte architektonische Entwürfe und Nutzungskonzepte sind gefragt.

Ländlicher Inselurbanismus

Gemeinsam ist vielen neuen Landprojekten, dass sie neben Wohn- und Arbeitsraum auch soziale, kulturelle oder touristische Infrastrukturen schaffen und dadurch versuchen, Teil bestehender Dorf- und Siedlungsgemeinschaften zu werden. Die Bezahlbarkeit von Wohnraum und die Öffnung zur Umgebung steht gerade bei Genossenschaften an erster Stelle. Dennoch besteht die Gefahr eines neuen ländlichen Inselurbanismus: Es entstehen Netzwerke von Projekten mit Anbindung an Berlin, München und andere Groß- städte, mit urbanen Gewohnheiten und Lebensmodellen. Die Im- mobilienpreise steigen, weil sich im Umfeld der Projekte weitere Städter*innen ansiedeln, oft mit Zweitwohnsitz. Wird das Landleben in der Zukunft zum Luxus digitaler Eliten? Kann sich die weniger pri- vilegierte Bevölkerung das Land bald nicht mehr leisten und muss am Ende in schlechte Vorstadtlagen ziehen? Noch ist das spekulativ. Doch umso wichtiger ist die Förderung integrativer Projekte, der am Gemeinwohl orientierte Umgang mit Grund und Boden und die enge Zusammenarbeit mit den Kommunen, sodass sich die aus der Stadt bekannte Gentrifizierung nicht im Schnelldurchlauf in Teilen des ländlichen Raums wiederholt.

Gemeinsam ist den neuen ländlichen Projekten auch, dass sie zum überwiegenden Teil im Bestand entstehen, sich in bestehende Strukturen einfügen und so Leerstand verringern. Auch in dieser Hinsicht sind sie das Gegenmodell zum Neubau von Einfamilien- hausgebieten, die außerhalb verödeter Dorfkerne oder in der Zwi- schenstadt entstehen. Die Bau- und Gebäudewirtschaft, global und auch in Deutschland verantwortlich für fast 40 Prozent des CO_2- Ausstoßes, setzt ungeachtet der Klimakrise noch immer auf Neu- bau, auf mehr Wohnfläche, auf Wachstum. Die für ländliche Räume eher dichten Wohnprojekte mit kollektiv genutzten Ressourcen sind nicht nur sozial, sondern auch ökologisch sinnvolle Modelle.

Probewohnen und Breitband

Noch ist das neue Landleben kein Megatrend, auch weil die digitale Arbeit vom Breitband- und Mobilfunkausbau abhängig ist, der im ländlichen Raum in Deutschland nur langsam vorangeht. Viele, die der Stadt müde geworden sind, entscheiden sich für einen weichen Übergang zwischen Stadt und Land, für hybride Lebensmodelle irgendwo zwischen Stadtwohnung, Datsche, Gästezimmer und Zweitwohnsitz. Gependelt wird nach Bedarf, das Standbein immer mal wieder verlagert, für den Ruhestand vorgesorgt. Klingt privi- legiert, muss es aber nicht sein, weil gerade Genossenschaften auch kleine Räume für wenig Geld anbieten. Für Kommunen sind die Lebensmodelle zwischen Stadt und Land eine Herausforderung. Sie müssen sich auf wechselnde Anwesenheiten, Verbindlichkeiten

Von der religiösen zur säkularen Gemeinschaft: Kloster Schlehdorf auf einem Gemälde von Simon Warnberger (1769–1847) Foto: Wikimedia Commons

und Bedürfnisse einstellen, können nur vage Kapazitäten für Kitas, Schulen und den öffentlichen Nahverkehr planen und Steuereinnahmen abschätzen.

Im zweiten Jahr der Covid-19-Pandemie bieten immer mehr Gemeinden Arbeiten und Wohnen auf Probe an, das auf Wechselwillige zugeschnitten ist. Denn nicht alle Regionen verzeichnen Zugang, sondern müssen etwas dafür tun. Beim „Summer of Pioneers" kann im hessischen Homberg (Efze) oder im südwestfälischen Altena in leerstehenden Häusern für ein paar Tage oder Wochen gewohnt und digital gearbeitet werden: ein „Rundum-Sorglos-Paket" mit möbliertem Apartment, Internetanschluss und Zugang zu eigens eingerichteten Coworking Spaces auf potenziell zu entwickelnden Brachen. Gemeinsam werben Unternehmen, Kommunen und private Ansiedelungsagenturen für abgelegene Standorte und fordern zum ehrenamtlichen Engagement auf: „2021 habt ihr als Pioniere die einmalige Chance, gemeinsam mit den Menschen vor Ort ein neues Kapitel in der Stadtentwicklung einzuläuten."[7]

Während sich der Wohnungsmangel in den Städten verschärft, stehen in vielen der 294 deutschen Landkreise (und auch in den Nachbarländern) Häuser und Wohnungen leer. Handlungsspielräume, die in der Großstadt mühsam durch Bürgerinitiativen erkämpft werden müssen, bekommt man in kleineren Orten quasi auf dem Silbertablett serviert. Dabei haben viele Kommunen keine fertigen Lösungen, vielmehr ist die Teilhabe an Prozessen erwünscht. Man stelle sich nur mal vor: Die vielen Strategien für strukturschwache Räume, die seit der Jahrtausendwende bei Internationalen Bauaustellungen (IBA Stadtumbau Sachsen-Anhalt 2002–2010, IBA Thüringen Stadt-Land, 2012–2023, IBA Fürst-Pückler-Land 2000–2010) entwickelt wurden und werden, bekommen durch die Auswirkungen der Pandemie ganz neue Resonanz und werden endlich umgesetzt: Leerstand und Bestandsumbau, experimentelle Kooperationen zwischen Verwaltung, Wirtschaft und Zivilgesellschaft, die Revitalisierung von Manufakturen, der Ausbau ökologischer Landwirtschaft mit Direktvertrieb in die Städte, die Wiedereröffnung von Schulen und Kitas. Bleibt die Möglichkeit des Homeoffice nach dem Ende der Pandemie für Millionen Menschen erhalten und schaffen es Großstädte nicht schnell genug, mit bezahlbarem und flexiblem Wohnungsbau darauf zu reagieren, könnte das Landleben in nicht allzu ferner Zukunft anders aussehen.

7   Stadt Altena; Neulandia UG (o.D.): „Summer of Pioneers Altena". https://altena-pioneers.de (letzter Zugriff: 02.08.2021)

Vom Coworking Space zum Nachbarschaftsbüro

Wie digitales Arbeiten Stadtviertel verändern könnte

Als das Konzept der Coworking Spaces ungefähr im Jahr 2009 aus den USA nach Deutschland kam, wirkte es bahnbrechend und zukunftsweisend in der Arbeitswelt. Die Idee, innerhalb einer Gemeinschaft flexibel räumliche Ressourcen und Expertisen zu teilen, wurde vor allem von Solo-Selbstständigen und Start-ups der wachsenden Kreativ- und Kommunikationsbranche aufgenommen und als „neue Art des Arbeitens" verkündet.

Im Gegensatz zu langfristig gemieteten Bürogemeinschaften ermöglichen es Coworking Spaces, unter flexiblen Konditionen kurzfristig und temporär einen festen oder täglich frei wählbaren Arbeitsplatz zu mieten – inklusive einer vollständigen Büroinfrastruktur bis hin zu Sekretariatsdiensten. Aber nicht nur das:

Coworking Spaces bieten Zugang zu einem Netzwerk, dessen Aktivitäten über die Pausenkonversation hinausreichen. Viele Büros bieten mal mehr, mal weniger moderierte Veranstaltungen wie „Business-Breakfasts" an, die zur Vernetzung innerhalb des jeweiligen Büros oder der Community dienen, da sie vor allem intern kommuniziert und annonciert werden.

Die Betreiberszene der Coworking Spaces hat sich in den vergangenen Jahren rasch professionalisiert und spezialisiert, wodurch die ursprüngliche Offenheit des Konzepts stark limitiert wurde. Das wachsende Angebot folgte immer spezifischer den räumlichen oder inhaltlichen Bedürfnissen der jeweiligen Zielgruppe. Es eröffneten Coworking Spaces mit Fotostudios, mit Schulungsangeboten für Künstler- oder Programmierer*innen, mit Kinderbetreuung oder auch mit Übernachtungsmöglichkeiten. Daneben entstanden Coworking-Ketten mit weltweiten Filialen, die offen für alle Berufsgruppen sind, aber durch die hohen Mietpreise vor allem eine etablierte Klientel oder Start-ups mit einer entsprechenden Finanzierung ansprechen.[1] Das US-amerikanische Unternehmen WeWork etwa vermietet an über 700 Standorten in 119 Städten Arbeitsplätze in stylishen Bürolandschaften inklusive Clubmitgliedschaft und diverser Freizeitangebote nicht nur an Einzelpersonen, sondern auch an Firmen und Teams mit bis zu 500 Mitarbeiter*innen. Was als soziale Idee begonnen hatte, ist längst zum lukrativen und oftmals exklusiven Geschäftsmodell geworden.[2]

Homeoffice – vom Segen zum Fluch und wieder zurück

Der Beginn der Covid-19-Pandemie brachte die eingeübten Routinen der Arbeitswelt schlagartig durcheinander. Die staatlich verordneten Ausgangsbeschränkungen konfrontierten Menschen und Unternehmen, für die klassische Büroarbeit am Sitz des Unternehmens bis dato als alternativlos galt, erstmals mit den Vor- und Nachteilen der Arbeit im Homeoffice.[3] Viele Arbeitgeber*innen stellten fest, dass ihre Angestellten auch außerhalb der

1   Dieser Artikel basiert auf Erkenntnissen aus dem Buch: Müller, Agnes Katharina (2018): Coworking Spaces: Urbane Räume im Kontext flexibler Arbeitswelten. Münster

2   Das führte mancherorts so weit, dass Coworking Spaces zur Verdrängung soziokultureller Milieus beitrugen, indem sie Immobilien mieteten oder aufkauften und nach der Renovierung an eine zahlungskräftigere Klientel vermieteten.

3   Vgl. Hans-Böckler-Stiftung (2020): „Studien zu Homeoffice und mobiler Arbeit". https://www.boeckler.de/de/auf-einen-blick-17945-Auf-einen-Blick-Studien-zu-Homeoffice-und-mobiler-Arbeit-28040.htm (letzter Zugriff: 16.02.2021)

Coworking in Lissabon: Bis zu 250 Freiberufler*innen, Kreative oder digitale Nomaden können im Galeriegeschoss des Mercado da Ribeira Arbeitsplätze mieten. Eine Lounge mit Café übernimmt die Funktion des Empfangs. Foto: Iwan Baan

Coworking in Los Angeles: Die 60 Büros und Besprechungsräume umfassen rund 700 Arbeitsplätze in einer gartenähnlichen Atmosphäre im Stadtteil Hollywood. Foto: Iwan Baan

Unternehmensbüroräume produktiv und motiviert arbeiteten und verkündeten postwendend, das mobile Arbeiten auch nach der Pandemie in ihre Arbeitskultur integrieren zu wollen, bei dem Angestellte also nicht mehr jeden Tag, sondern nur noch an ausgewählten Präsenztagen ins Unternehmen kommen. Dahinter verbirgt sich nicht zuletzt der Gedanke, Büroflächen zu reduzieren und dabei Kosten sparen zu können.[4] Viele Arbeitnehmer*innen erkannten wiederum Vorteile darin, durch den gesparten Arbeitsweg Zeit zu gewinnen und Arbeits- und Privatleben besser in Einklang bringen zu können.[5] Doch nicht für alle ist das Arbeiten in der eigenen Wohnung dauerhaft eine Alternative. Nicht alle haben ein Arbeitszimmer zu Hause oder wollen in Küche oder Schlafzimmer tagsüber ihren Laptop aufstellen müssen.

In diesem Sinne könnten die Homeoffice-Erfahrungen von Arbeitgeber- und Arbeitnehmer*innen eine Weiterentwicklung des Coworking-Konzepts fördern. Nämlich dann, wenn Coworking zukünftig nicht nur die bisherige Klientel aus der Kreativwirtschaft und Selbstständige anspricht, sondern alle, die einen Büroarbeitsplatz jenseits der eigenen vier Wände benötigen. Gemeinschaftlich genutzte Arbeitsräume mit flexibel mietbaren Arbeitsplätzen in Wohnquartieren böten Arbeitenden eine Alternative zum Firmenbüro und zur Wohnung und könnten helfen, den Arbeitstag zu strukturieren. Die Arbeitsräume wiederum könnten Quartierszentren stärken, indem sie in leerstehende Einzelhandelsflächen einziehen und als Treffpunkt im Quartier soziale Kontakte mit der Nachbarschaft ermöglichen. Sie könnten helfen, Pendel- und Berufsverkehr zu reduzieren und so einen Beitrag zur „Stadt der kurzen Wege" oder zur 15-Minuten-Stadt nach Anne Hidalgo leisten. Sie könnten die Chancen auf eine gemeinwohlorientierte Stadt erhöhen, etwa durch gehaltsabhängige und faire Mietpreise für Arbeitsplätze oder durch weitere, vielseitige Nutzungskonzepte für die Räumlichkeiten, um diese der gesamten Nachbarschaft zugänglich zu machen. Was aber genau müssen die neuen flexiblen Gemeinschaftsbüros leisten und wo sollten sie entstehen?

4   Vgl. Alipour, Jean-Victor; Falck, Oliver; Schüller, Simone (2020): „Homeoffice während der Pandemie und die Implikationen für eine Zeit nach der Krise". In: ifo Schnelldienst 7/2020. S. 30–36

5   forsa Politik- und Sozialforschung GmbH (2020): „Erfahrungen mit Homeoffice. Ergebnisse einer Befragung unter abhängig Beschäftigten in Bayern". Ergebnisbericht f20.0512/39563 De, Ma. https://www.dak.de/dak/download/forsa-umfrage-ergebnisse-2401560.pdf (letzter Zugriff: 04.04.2021)

Coworking Spaces befinden sich bislang vorwiegend in den Innenstädten, dort, wo die Kreativwirtschaft Gelegenheiten zum Mittagessen und Einkaufen und eine gute Anbindung mit öffentlichen Verkehrsmitteln findet. Die Identifikation der Mieterschaft mit dem Image ihres Standorts, der nicht selten auch der Geschäftsadresse entspricht, ist hoch.

Soll Coworking künftig auch für jene interessant sein, die einen flexiblen Arbeitsplatz vor allem in der Nähe des Zuhauses suchen, wird es darum gehen, Angebote in Wohngegenden zu schaffen. Der neue Coworking-Raum muss etwas leisten, was Firmenbüro und Zuhause nicht schaffen: Als sogenannter Dritter Ort (*Third Place*) zwischen Küchentisch (*First Place*) und Firmenbüro (*Second Place*)[6] muss er idealerweise zu Fuß oder in wenigen Minuten mit dem Rad erreichbar sein und eine Atmosphäre zum ungestörten Arbeiten fern von Mitbewohner*innen oder der Familie bieten.

In bestehenden groß- und mittelstädtischen Quartieren kommen umgebaute, ehemalige Parkhäuser, Warenhäuser oder Lagerhallen ebenso infrage wie eine Nachverdichtung im Bestand. Bereits jetzt werden Räumlichkeiten des krisengeplagten Einzelhandels in den Quartierszentren und an großen Straßen zu Büros umgenutzt. Doch als Lückenfüller des Leerstands allein funktionieren Coworking Spaces nicht. Im Gegenteil: Durch die Kaufkraft der Coworker*innen tragen sie im besten Fall dazu bei, die Mischung aus bestehenden Restaurants und Geschäften zu erhalten.

Coworking Spaces, die sich etwa an Kunstschaffende mit viel Platzbedarf richten, entstehen inzwischen auch in Randbezirken der Großstädte oder auf dem Land. Boten ländlich gelegene Coworking Spaces bisher häufig Übernachtungsmöglichkeiten, wandeln sich derartige Ansätze zum dauerhaften Lebens- und Arbeitsmodell. Sobald es Angestellten gesetzlich erlaubt ist, nur noch ein oder zwei Tage pro Woche in die Unternehmensbüroräume zu pendeln, wird sich der Trend zum Leben außerhalb der Großstadt verstärken.[7]

---

6   Vgl. Oldenburg, Ray (1999): The Great Good Place: Cafés, Coffee Shops, Bookstores, Bars, Hair Salons, and Other Hangouts at the Heart of a Community. New York

7   Dort sind die Miet- und Kaufpreise günstiger als in der Stadt, es gibt entsprechend mehr bezahlbaren Platz zum Wohnen und auch die Nähe zur Natur wird wieder mehr geschätzt. Projekte, die das Leben und digitale Arbeiten auf dem Land erproben, gibt es bereits, zum Beispiel das Uferwerk in Werder an der Havel.

Die Hollywood-Dependance des Londoner Coworking-Unternehmens Second Home wurde 2019 eröffnet. Die Entwürfe stammen vom Architekturbüro Selgas Cano. Foto: Iwan Baan

Voraussetzung dafür ist allerdings eine gute Anbindung ins Firmenbüro, idealerweise mit öffentlichen Verkehrsmitteln.

Damit sich neue Coworking-Räume auch in Neubaugebieten etablieren können, müssen sie neben der Nahversorgung als Teil der Infrastruktur mitgeplant werden.[8] Anstatt eines Stellplatzschlüssels für
Wohnungen könnten Kommunen dafür einen „Arbeitsplatzschlüs-
sel" in der Baunutzungsverordnung verankern, damit ausreichend
Arbeitsplätze in unmittelbarer Nähe zu den Wohnungen geschaffen
werden. Letztendlich könnten flexible Grundrisse die Anpassungsfähigkeit an veränderte Bedarfe langfristig verbessern.

Nachbarschaftsbüros – neue Funktionen und Kooperationen

Ein Mietkriterium vieler Coworker*innen ist die Gemeinschaft. Wenn
nicht nur die Mietpreise, sondern auch Atmosphäre und Netzwerk
passen, sind viele bereit, längere Anfahrtswege in Kauf zu nehmen.
Coworking Spaces interagieren bislang selten mit der Nachbarschaft, sondern sind eher wie Inseln im Quartier, isoliert von ihrer
Umgebung und zugleich global mit der „Coworking-Szene" ver-
netzt. Berührungspunkte gibt es in den Mittagspausen, wenn die
Coworker*innen in die umliegenden Cafés und Restaurants aus-
schwärmen, aber im eigenen Büro bleibt die Szene bislang meist
unter sich. Coworker*innen wählen gezielt ihren Arbeitsplatz so,
dass sie auf ihresgleichen treffen und fachlichen Austausch finden,
aber auch privat mit den anderen aufgrund ihrer Lebensstile auf
einer Wellenlänge sind. Manche Betreibende unterstützen gezielt
solche isolierten Communitys: Exklusive Coworking-Anbieter mit
oftmals über 200 Arbeitsplätzen regeln den Zugang über eine Clubmitgliedschaft und errichten zusätzlich visuell soziale Barrieren
mittels repräsentativer Eingänge und Portiers.

Ein schwellenarmer und offener Zugang für die Nachbarschaft
erscheint jedoch künftig essenziell für den Erfolg neuer Coworking-
Räume, sei es in einer Dorfgemeinschaft oder im Neubauquartier.
Ein an die Arbeitsräume angeschlossenes öffentliches Café, ein
Waschsalon oder auch eine kleine Bibliothek vor Ort wären hierfür
hilfreich und könnten zudem zur Belebung des Quartiers in nächs-
ter Nähe beitragen. Sie würden vor allem für Menschen Angebote

---

8   In genossenschaftlichen Wohnprojekten wie etwa der Kalkbreite in Zürich sind
     Arbeitsräume zur flexiblen Nutzung für die Bewohner*innen integriert.

schaffen, die selbst nicht in den Räumen arbeiten können. Denn die Option des flexiblen Arbeitens können gemäß einer Studie des ifo-Instituts über das Arbeiten im *Homeoffice während der Pandemie und die Implikationen für eine Zeit nach der Krise* anteilig an der gesamten Arbeitswelt bislang insbesondere Akademiker*innen und Gutverdienende wahrnehmen. Denn höher qualifizierte Arbeitskräfte üben mehr kognitive Tätigkeiten aus, welche sich auch ins Homeoffice verlegen lassen.[9] Der Großteil der Beschäftigten wie Pfleger-, Verkäufer- oder Handwerker*innen muss weiterhin am Arbeitsort präsent sein.

In neuen „Nachbarschaftsbüros" würden letztendlich die Angebote von Coworking und Nachbarschaftszentren kombiniert und erweitert. Wo tagsüber am Rechner gearbeitet wird, können abends kulturelle Veranstaltungen, Vereins- oder Seniorentreffen oder am Wochenende Familienfeiern oder Workshops für Kinder stattfinden. Die Ressource Raum wäre nicht nur besser ausgenutzt als beim klassischen Firmenbüro, das jenseits der Kernarbeitszeiten in den meisten Branchen vorwiegend leer steht. Die neuen Nachbarschaftsbüros könnten auch tagsüber neue Zielgruppen erschließen und zusätzliche Funktionen über das Arbeiten hinaus übernehmen.[10] Jugendliche könnten vor Ort Nachhilfestunden bekommen oder sich mit ihren Arbeitsgruppen treffen und von der Arbeitsatmosphäre im Büro profitieren. Zugezogene oder auch Geflüchtete könnten dort einen Arbeitsplatz finden, um Bewerbungen zu schreiben oder einen Online-Sprachkurs zu machen. Auf diese Weise übernehmen die Nachbarschaftsbüros zusätzlich integrative Aufgaben innerhalb der Nachbarschaft. Damit dies funktioniert, bedarf es ähnlich wie in den bereits bestehenden Coworking Spaces eines Managements vor Ort. Dieses würde die teils parallelen Nutzungen koordinieren, sich um die unterschiedlichen Bedürfnisse und Belange der Nutzenden kümmern, einen respektvollen Umgang einfordern, Kontakte herstellen und so die Willkommenskultur im Nachbarschaftsbüro prägen.

An welchen konkreten Standorten und in welcher Größenordnung die neuen Nachbarschaftsbüros eingerichtet werden, wird abhängig von den Bedürfnissen der Umgebung sehr unterschiedlich ausfallen: ob Wohngemeinschaften zusätzlich einen Arbeitsraum

9   Mergener, Alexandra zit. n. Alipour; Falck; Schüller (2020) (wie Anm. 4), S. 32
10   Bei seiner Planung für eine Arbeitersiedlung in Mulhouse verwendete das französische Architektur-Duo Anne Lacaton und Jean-Philippe Vassal vorgefertigte Gewächshäuser, die je nach Bedarf als Garage oder Wohnraum genutzt werden können.

Die Lissabon-Dependance des Londoner Coworking-Unternehmens Second Home wurde 2016 eröffnet. Die Entwürfe stammen vom Architekturbüro Selgas Cano. Foto: Iwan Baan

mit offener Werkstatt anbieten, wo Nachbar*innen Gegenstände
reparieren oder Kinder schnitzen und sägen lernen können; ob die
leerstehenden Unternehmensflächen in Bürotürmen zu Wohnungen umgebaut werden und im Erdgeschoss Gemeinschaftsräume
für die neuen Bewohner*innen entstehen, welche diese zum einen
tagsüber als Third-Place-Arbeitsplätze und zum anderen abends als
Treffpunkt für den Gesangsverein oder zur Gymnastik nutzen können; ob in leerstehenden Fabriketagen tagsüber gearbeitet wird und
abends die Bürotische „in die Höhe fliegen" und unter der Decke
gelagert werden, damit dort auf dem Parkett Tango getanzt werden
kann – vieles ist vorstellbar.

Hybridmodelle – Finanzierung und Integration

So schön diese Vorstellung klingt – ein solches Modell mit unterschiedlichen Angeboten und Bedürfnissen wird nicht immer
konfliktfrei funktionieren und von Aushandlungsprozessen begleitet sein. Zumal die Gefahr besteht, dass besonders engagierte
Nutzer*innen einen Standort für ihre eigenen Aktivitäten und Netzwerke regelrecht vereinnahmen und sich ähnlich wie bei den Coworking Spaces mehr oder weniger bewusst von der Nachbarschaft
abkoppeln. Für eine erfolgreiche Integration in die Nachbarschaft
und einen schwellenarmen Zugang reicht es nicht, Räume einfach
nur zur Verfügung zu stellen. Deshalb stellt sich die Frage: Wie lassen sich Nachbarschaftsbüros realisieren und vor allem finanzieren?

Um die Finanzierung gewährleisten zu können, ist es notwendig, die
Arbeitgebenden an der Finanzierung der Arbeitsplätze, die außerhalb der Firmenräume angesiedelt sind, zu beteiligen. Unternehmen
sollten zukünftig die externen Arbeitsplätze ihrer Mitarbeiter*innen
prozentual abhängig von der dort verbrachten Arbeitszeit bezahlen.
Auch wäre es möglich, die Höhe des Mietpreises am jeweiligen
Gehalt der Nutzenden zu orientieren, um so auch Arbeitsplätze für
Geringverdienende oder nachbarschaftliche Aktivitäten mitzufinan-
zieren.[11] Politik und Verwaltung sind gefragt, solche Mischnutzungen
in Wohngebieten gesetzlich zu ermöglichen und die Einrichtung von
Nachbarschaftsbüros aktiv zu unterstützen. Bislang wurden Cowor-

11 Beispiel für einen solchen Coworking Space stellt das bUm – Raum für die
engagierte Zivilgesellschaft in Berlin-Kreuzberg dar. Darüber hinaus werden im bUm
nachbarschaftliche Treffen und Organisationen mit Räumlichkeiten unterstützt.
Arbeitsplätze für gemeinnützige Organisationen werden für ein Viertel des für
Unternehmen geltenden Mietpreises vermietet. Mit einem solidarischen, mittleren Tarif
kann man darüber hinaus freiwillig finanziell Schwächere unterstützen.

king Spaces nur vereinzelt kommunal gefördert, mit der Begründung, dass es sich bei den Betreibenden um privatwirtschaftliche Unternehmer*innen handle. Voraussetzung für eine kommunale Förderung ist, wie bei vielen anderen Initiativen, ein Beitrag zur Gemeinnützigkeit. Abhängig vom Umfang der gemeinschaftlichen Aktivitäten könnte die Kommune selbst als (Co-)Betreiberin auftreten oder aber externen Betreiber*innen durch verminderte Gewerbesteuern – unter Auflagen zu Ausgestaltung und Umfang der gemeinschaftlichen Nutzungsangebote – Anreize schaffen.

Betreiber*innen von Coworking Spaces, die sich bereits in Wohnquartieren befinden, könnten mithilfe einer kommunalen Förderung ihre Büros für die gesamte Nachbarschaft öffnen und differenzierte Mietpreise anbieten oder ihre Räumlichkeiten für gemeinschaftliche Aktivitäten kostenlos zur Verfügung stellen. Filialbasierte Unternehmen wiederum könnten Dependancen mit integrierten Satellitenbüros in Wohngegenden eröffnen und diese der ganzen Nachbarschaft zum Arbeiten und für gemeinnützige Tätigkeiten zugänglich machen. Die Unternehmen würden von einem solchen sozialen Engagement durchaus profitieren: Sie erhöhen ihre Attraktivität als Arbeitgebende bei ihren Angestellten und erlangen darüber hinaus ein positives gesellschaftliches Image.

Ob die Kommune selbst Betreiberin der Nachbarschaftsbüros ist, ob sie als Partnerin oder Initiatorin auftritt – in jedem Fall braucht sie ein Regelwerk zur Ausgestaltung und Nutzung solcher Nachbarschaftsbüros und eine Koordinationsstelle, die passende Räumlichkeiten ausfindig macht, über Finanzierungsfragen aufklärt und Kontakte zwischen interessierten Betreiber*innen und Immobilieninhaber- oder Projektentwickler*innen vermittelt. Ziel sollte es sein, dass die neuen Nachbarschaftsbüros mit ihrem Angebot auf die lokalen Gegebenheiten und Bedürfnisse vor Ort reagieren und im Sinne einer gemeinwohlorientierten Stadt den integrativen Charakter unterschiedlicher Nutzungsgruppen nicht aus dem Blick verlieren. Dabei ist noch offen, welche Größe solche Nachbarschaftsbüros vertragen, damit die Koordination der Nutzungen leistbar ist, welche unterschiedlichen Formate miteinander harmonieren und an welchen Standorten die Nachbarschaften letztendlich die Angebote wahrnehmen werden.

Faire Raumaufteilung

Das Potenzial von Verkehrsflächen für die Stadtreparatur

Unter Mitarbeit von: Eva Schwab, Stefan Bendiks und Jennifer Fauster

Die Einschränkungen des Alltags während der Pandemie haben uns daran erinnert, dass wir an einem ganz bestimmten Ort leben und nicht irgendwo.[1] Plötzlich haben wir unsere Umgebung (wieder) entdeckt; wir haben festgestellt, dass unsere Städte viel fragiler sind, als wir dachten. Wir beobachten, dass die Innenstädte veröden, der Leerstand rapide zunimmt, dass es in den Wohngebieten an nahegelegenen Einkaufsmöglichkeiten fehlt, dass unsere Unterkünfte und Wohnungen zu beengt sind und unsere öffentlichen Räume zu knapp bemessen. Plötzlich sind die Wohnungen in der Stadt zu teuer und die räumliche Dichte wirkt unbequem. Wirklich so plötzlich?

Die Diskussion über städtische Dichte und ihren Zusammenhang mit gesundheitlichen Krisen ist kein neues Phänomen. Sie ist mehr oder weniger so alt wie die Stadtplanung selbst.[2]

1   Vgl. Latour, Bruno (2021): Où suis-je ? Leçons du confinement à l'usage des terrestres. Paris
2   Wie Philippe Rahm in Ecrits climatiques und Histoire naturelle de l'architecture schreibt, lehrt uns die Geschichte, dass es eine enge Verbindung zwischen Hygienemaßnahmen und Stadtplanung in unterschiedlichen Epochen gab. So etwa zur Zeit Haussmanns. Als die großen Boulevards von Paris angelegt wurden – per Definition ein neuer Mobilitätsraum –, war ihre räumliche Großzügigkeit als Maßnahme

Die Beziehung zwischen hoher Dichte und der Bekämpfbarkeit von Epidemien bildete die Basis der Maßnahmen zur Dichteregulation in der industriellen Stadt.[3] Wir müssen uns wieder bewusst werden, wie wichtig es ist, quantitative und qualitative Vorschriften in Einklang zu bringen, so wie das in gewissen Zeiten der Vergangenheit üblich war. Die Anfang des 20. Jahrhunderts gegründete Londoner Vorstadt Hampstead liefert ein Beispiel dafür, wie Planungsvorgaben helfen können, räumliche Qualitäten zu definieren. Die empfohlene Dichte betrug dort zwanzig Häuser pro Hektar. Darüber hinaus war ein Abstand zwischen den Häusern von mindestens 16,5 Metern – mit den Gärten dazwischen – geboten. Man trennte die Freiflächen durch Hecken anstatt durch Wände. Bäume säumten die Straßen und die vorhandenen Grünflächen waren für alle zugänglich. Bezahlbare Mieten ermöglichten eine soziale Durchmischung.[4] Heute hingegen ist die Art, wie wir unsere Städte entwickeln, vornehmlich ein Verhandlungsprozess zwischen privaten und staatlichen Akteur*innen. Die Dichte-Indikatoren sind zu quantitativen Instrumenten geworden. Sie sind immer weniger ein Mittel für die Stadtgestaltung und immer mehr ein Werkzeug für die Verhandlungsprozesse in der Immobilienbranche.[5]

Weil ökologische und soziale Qualitäten der Stadt nicht quantifizierbar sind, sind sie in der Stadt nicht entsprechend präsent.[6] Laut dem OECD-Bericht[7] *Under Pressure: The Squeezed Middle Class* (und seinem Vorläufer *A Broken Social Elevator? How to Promote Social Mobility*) ist ein Drittel der Mittelschicht von ökonomischer Unsicherheit betroffen, was hauptsächlich der Automatisierung der Arbeit und den steigenden Immobilienpreisen geschuldet ist. Im Jahr 1985 benötigte ein Haushalt mit mittlerem Einkommen und zwei Kindern in den 24 OECD-Ländern durchschnittlich 6,8 Jahreseinkommen, um sich den Kauf einer 60 Quadratmeter großen Wohnung in der Hauptstadt oder dem Finanzzentrum des jeweiligen Landes leisten zu können. Heute ist es beinahe das Doppelte.

zur Bekämpfung der Cholera-Epidemie gedacht. Gleichzeitig waren sie Ausdruck einer neuen bürgerlichen Gesellschaftsordnung. Die Krise, die durch die Epidemie verursacht worden war, bot Haussmann die Chance, eine neue Vision von Stadt zu verwirklichen, indem er neue Verkehrsräume realisierte.

3 Vgl. Berghauser Pont, Meta; Haupt, Per (2010): Spacematrix: Space, Density, and Urban Form. Rotterdam

4 Vgl. Panerai, Philippe u. a. (Hrsg.) (2004): Urban Forms. The Death and Life of the Urban Block. New York City (NY). S. 35

5 Vgl. Degros, Aglaée (2021): „The Territorial Project". In: Aglaée Degros u. a. (Hrsg.): Basics of Urbanism. Zürich

6 Vgl. Schwab, Eva (2021): „Die Grundlage des Städtebaus: Nachhaltigkeit und Gerechtigkeit im territorialen Projekt". In: Degros u. a. (Hrsg.) (wie Anm. 5)

7 Vgl. OECD (2019): „Under Pressure: The Squeezed Middle Class". Paris. https://www.oecd.org/els/soc/OECD-middle-class-2019-main-findings.pdf (letzter Zugriff: 24.06.2021)

Die Immobilienpreise sind in den vergangenen 20 Jahren dreimal
schneller gestiegen als die Löhne eines durchschnittlichen Mittel-
schichthaushalts. Die Corona-Pandemie hat noch einmal deutlich
gemacht, dass leistbare städtische Wohnungen oft eng und zu
klein sind – besonders für jemanden, der gezwungen ist, sich darin
ständig aufzuhalten. Dies zeigt uns, dass Städte immer weniger entsprechend der Bedürfnisse von Menschen und mehr zugunsten von
Spekulationsvorhaben geplant werden.

Aber nicht nur unsere Wohnungen kommen uns eng vor; auch die
Stadtstruktur und noch genauer gesagt ihre Freiräume, der Abstand
von einer Fassade zur anderen, erscheinen uns im Lockdown sehr
beengt. Stadtbewohner*innen und aktive Verkehrsteilnehmer*innen,
meist Fußgänger*innen, müssen sich oft auf 80 Zentimeter breiten
Bürgersteigen zusammendrängen,[8] während der übrige Platz dem
Autoverkehr und den Parkplätzen zur Verfügung steht. Besonders
im Zusammenhang mit der Covid-19-Pandemie, die einen Abstand
von mindestens 1,5 Metern zwischen den Menschen verlangt, erscheint solch eine unangemessene Flächenaufteilung noch zyni-
scher und lächerlicher als zuvor.[9]

Tatsächlich basiert dieser Zustand auf einer aus den 1950er-Jahren
übernommenen Denkweise. Die Flächenaufteilung ist ein gutes Beispiel für die angebliche Logik, dass der öffentliche Raum motorisierte
Fahrzeuge bevorzugen muss, und zwar allen voran sowohl fahrende
als auch parkende Autos. Dabei beschränken die den Autos vorbehal-
tenen Flächen nicht nur den qualitativen öffentlichen Raum in unseren
Städten, sondern verstärken außerdem die negativen Auswirkungen
des Klimawandels – zum Beispiel durch höhere Bodenversiegelung.
Darüber hinaus tragen die Autos selbst durch ihre hohen Emissionen natürlich ebenfalls zum Klimawandel bei. Die Krise verdeutlicht
ebenjene Probleme, die ein alles dominierender Autoverkehr mit sich
bringt – weshalb wir uns heute davon verabschieden müssen.

Wie oben ausgeführt, hat sich schon vor der Covid-19-Krise gezeigt, dass dieses Stadtmodell fragil und nicht mehr zeitgemäß ist.
Die Gegenwart verdeutlicht dies nur. Probleme wie Immobilien-
spekulation, mangelnde Qualität marktgetriebenen Bauens und

8   Vgl. Redl, Bernadette (31.10.2020): „Am Gehsteig: Zu wenig Platz für Abstandhalten".
     In: Der Standard. https://www.derstandard.at/story/2000121301274/am-gehsteig-zu-
     wenig-platz-fuer-abstandhalten (letzter Zugriff: 24.06.2021)
9   Vgl. Degros, Aglaée (07.10.2020): Fußnote beim Unesco-Treffen City of Design
     Subnetwork. https://youtu.be/pYzhEpnFlqo?t=460 (letzter Zugriff: 24.06.2021)

Planens sowie schlechte Flächenaufteilung entstammen einer tief verwurzelten, vom Imperativ „Profit und Wachstum" geleiteten Stadtplanungspraxis. In den vergangenen Jahren hat es bereits eine Vielzahl von Forderungen nach einer Stadtplanung gegeben, die nicht auf Wachstum als reinem Flächenverbrauch basiert[10] und die Verantwortung für soziale[11] oder ökologische[12] Ungerechtigkeit oder für beide[13] übernimmt.

Chancen ergreifen

Winston Churchill sagte einst: „Vergeude nie eine gute Krise." Zweifelsohne ist es jetzt Zeit zu handeln, denn im größeren Kontext des Klimawandels sind die oben genannten Probleme lediglich Vorboten. Die Krise bietet uns die Möglichkeit zu einem Paradigmenwechsel: unsere Umwelt zu reparieren und sie in einen ökologischeren Ort zu verwandeln, ihre natürlichen Elemente, Wasser und Luft wertzuschätzen. Fast zwangsläufig kommt einem die Mobilitätswende in den Sinn, wenn es um einen Paradigmenwechsel geht. Die Moderne hat uns Räume vererbt, die weitgehend durch technokratische Vorgaben standardisiert sind. Per Definition sollte der öffentliche Raum keine privaten Gegenstände (Autos) beherbergen müssen oder nur einer einzigen Nutzergruppe (Autofahrer*innen) gewidmet sein. Doch in der Realität wird er nur selten als die Ressource städtischen öffentlichen Raums wahrgenommen und behandelt, die er ist.[14] Kürzlich sind in verschiedenen Städten wie Barcelona, New York und Brüssel Experimente entwickelt und getestet worden, wie Verkehrsraum in einen Raum sozialer und ökologischer Nachhaltigkeit verwandelt werden kann. Die Veröffentlichung *Traffic Space is Public Space* zählt diese Strategien auf,[15] und teilt sie in sechs Kategorien ein, die zur Rückgewinnung des Verkehrsraums beitragen: Veränderung der Ästhetik, Herstellung von Verbindungen, Beteiligung, Teilen von Raum, Belebung der lokalen Ökonomie und Integration von Metabolismus/Kreislaufsystemen helfen, diese Räume in wirklich öffentliche Räume zu verwandeln.[16] Die Pande-

10 Vgl. Rydin, Yvonne (2013): The Future of Planning: Beyond Growth Dependence. Bristol
11 Vgl. Secchi, Bernardo (2005): La città del ventesimo secolo. Rom
12 Vgl. Mostafavi, Mohsen; Doherty, Gareth (Hrsg.) (2016): Ecological Urbanism. Zürich
13 Vgl. Latour, Bruno (2017): Où atterrir? Comment s'orienter en politique. Paris
14 Vgl. Bendiks, Stefan; Degros, Aglaée (2019): Traffic Space is Public Space. Zürich. Da diese Ressource knapp ist und im Sinne der Klimawandeladaptation und -mitigation weitere wichtige Funktionen aufzunehmen hat, ist aktive Mobilität ein guter Weg, den Flächenverbrauch für Mobilität insgesamt zu verringern und die frei werdenden Flächen anderweitig nutzen zu können.
15 Ebd.
16 Ebd.

In Barcelona testen Abteilungen der Stadt- und Regionalverwaltung gemeinsam mit Anwohner*innen, wie der Straßenraum in den Wohnquartieren neu aufgeteilt werden und wie durch eine veränderte Verkehrsführung soziale Interaktion entstehen kann. Das Projekt Superilles (Superblocks) läuft seit 2003. Foto: Ajuntament de Barcelona

mie hat die vier letzten Aspekte besonders beeinflusst. Man kann beobachten, dass ganz besonders Beteiligungsprozesse stark zurückgegangen sind. Doch sobald soziale Kontakte wieder möglich sind, können diese Prozesse wieder aufgenommen werden. Außerdem ist es wahrscheinlich, dass die drei anderen Aspekte (das Teilen von Raum, die Belebung der lokalen Wirtschaft und die Integration des Ressourcenkreislaufgedankens) langfristig einen strukturellen Wandel erfahren und anhaltende Veränderungen folgen werden. Um das Potenzial der Verkehrswende für die Verbesserung der Qualität des öffentlichen Stadtraums zu beleuchten und die wichtigsten Einsichten jenseits der gegenwärtigen Krise zu verdeutlichen, soll an dieser Stelle eine Reihe von exemplarischen Projekten aus ganz Europa angeführt werden. Sie stehen für die wichtigsten Lehren aus der Krise und der Zeit darüber hinaus.

Überlegungen zum Teilen von Raum

Die Auswirkungen der Covid-19-Pandemie auf die Mobilität von Radfahrenden und Fußgänger*innen werden in Daten über die Verkehrsmittelwahl (Modal-Split-Daten) deutlich. Die Nutzung der beiden Verkehrsarten gemeinsam stieg in Wien von 35 Prozent auf 46 Prozent. Nachdem der Autoverkehr im März und April 2020 eingebrochen war, kehrte er auf das Niveau vor der Krise zurück. Im Gegensatz dazu nahm die Nutzung des ÖPNV ab und blieb gering. Die Passagierzahl sank deutlich und beträgt jetzt 60 Prozent des Wertes vor der Pandemie.[17] In der kommenden Erholungsphase ist es wichtig, den öffentlichen Verkehr auszuweiten, indem man langfristig plant und kürzere Intervalle einführt, Hygienemaßnahmen ergreift, Fahrpreismodelle für den Gesamtbereich des ÖPNV anbietet und die Kommunikation verbessert.[18] Die Verbesserung des ÖPNV ist entscheidend, wenn es darum geht, die Klimaziele zu erreichen, Staus zu vermeiden und den Platzverbrauch für Mobilität durch Beschränkungen für den größten Konsumenten, den Pkw-Verkehr, insgesamt zu verringern. Die Krise des öffentlichen Nahverkehrs bringt unweigerlich einen Anstieg des Individualverkehrs mit sich. Nun gilt es die individuelle Mobilität auf ihre aktiven Formen wie

17   Vgl. Wiener Linien (27.01.2021): „Rückblick 2020, Ausblick 2021". https://www.wienerlinien.at/web/wiener-linien/rückblick-2020-ausblick-2021 (letzter Zugriff: 04.03.2021)
18   Vgl. VCÖ – Mobilität mit Zukunft (o. D.): „Öffentlicher Verkehr der Zukunft – Lehren aus Covid-19". https://www.vcoe.at/projekte/vcoe-veranstaltungen/detail/vcoe-veranstaltung-oeffentlicher-verkehr-der-zukunft-lehren-aus-covid-19 (letzter Zugriff: 04.03.2021)

Radfahren und Zu-Fuß-Gehen zu lenken.[19] Das heißt, dass es nicht nur unser Ziel sein muss, den öffentlichen Nahverkehr zu stärken, sondern auch das Netzwerk für aktive Mobilitätsformen zu verbessern. Einige Städte ergriffen während des ersten Lockdowns die Gelegenheit, reagierten schnell und teilten den durch den geringeren Autoverkehr verfügbar gewordenen Straßenraum anders auf. Beispiele von temporären Radwegen können auf der ganzen Welt gefunden werden. Berlin startete mit den ersten gut dokumentierten Pop-up-Radwegen, die als vorläufige Baumaßnahme begannen und mehr oder weniger spontan zu einer Infrastruktur wurden, die den Umgang mit der Pandemie unterstützte. Einige davon sind inzwischen in permanente Radwege umgebaut worden, indem Leitbaken durch feste Poller und orangefarbene Fahrbahnmarkierungen durch permanente weiße ersetzt wurden.[20] In Mailand wurden 35 Straßenkilometer umgestaltet, um die aktive Mobilität auf experimentelle Weise zu fördern. Durch Farbe und Kreativität erhielt der Asphalt eine neue Bedeutung und die Straßen verwandelten sich in *Strade Aperte* („offene Straßen").[21]

Diese Beispiele zeigen, dass Pop-up-Radwege einmalige Gelegenheiten sein können, den Straßenraum neu zu definieren und ihn in etwas Innovatives, etwas lange Benötigtes zu transformieren. Und sie verdeutlichen die Tatsache, dass die Entwicklung der aktiven Mobilität auf einfache Weise dazu beiträgt, die Flächen zu reduzieren, die bislang der passiven Mobilität vorbehalten waren, und sie anderweitig nutzbar macht.

Trotz all dieser temporären Maßnahmen sollten wir nicht vergessen, über dauerhafte Justierungen nachzudenken. Über 1000 Österreicher*innen wurden in einer Umfrage des Vereins VCÖ – Mobilität mit Zukunft befragt, wie sich ihre Verkehrsmittelnutzung nach der

19   Vgl. Shibayama, Takeru u. a. (02.2021): „Impact of COVID-19 Lockdown on Commuting: A Multi-Country Perspective" In: European Journal of Transport and Infrastructure Research 1/2021. S. 70–93. https://www.researchgate.net/publication/349212591 (letzter Zugriff: 24.06.2021); VCÖ – Mobilität mit Zukunft (26.11.202): „Umfrage zeigt, wie stark Covid-19 die Mobilität der Österreicherinnen und Österreicher verändert hat". https://www.vcoe.at/presse/presseaussendungen/detail/vcoe-umfrage-zeigt-wie-stark-covid-19-die-mobilitaet-der-oesterreicherinnen-und-oesterreicher-veraendert-hat (letzter Zugriff: 24.06.2021)

20   Vgl. Gunßer, Christoph (30.07.2020): „Stadtumbau für die Verkehrswende: Radverkehr statt Autos". In: Deutsches Architekturblatt. https://www.dabonline.de/2020/07/30/stadtumbau-fuer-die-verkehrswende-radverkehr-autos-corona-pop-up-radwege/ (letzter Zugriff: 24.06.2021)

21   Vgl. Laker, Laura (21.04.2020): „Milan Announces Ambitious Scheme to Reduce Car Use After Lockdown". In: The Guardian. https://www.theguardian.com/world/2020/apr/21/milan-seeks-to-prevent-post-crisis-return-of-traffic-pollution (letzter Zugriff: 24.06.2021)

jetzigen Krise ändern würde. Mehr als die Hälfte der Befragten gab an, infolge der Covid-19-Pandemie mehr zu Fuß gehen, Rad fahren und weniger Langstreckenflüge buchen zu wollen. Weitere 45 Prozent nehmen an, dass das Auto häufiger genutzt werden wird. Was den öffentlichen Nahverkehr angeht, glauben die Befragten an einen Rückgang der Nutzung. Es besteht ein ernstzunehmendes Risiko, dass die Nutzung von öffentlichen Verkehrsmitteln sinken und der Individualverkehr gestärkt aus der Covid-19-Krise hervorgehen wird.[22] Aufgrund dieser Beobachtungen können wir schlussfolgern: Wenn wir den Raum für Mobilität im Stadtgefüge reduzieren wollen, müssen wir die Bedingungen für eine individuelle, nachhaltigere Mobilität verbessern, die nicht vom Privat-Pkw abhängig ist. Das umfasst die Mobilität von Fußgänger*innen ebenso wie alle Formen der Fahrradmobilität und Car-Sharing-Systeme. Die Krise fordert die normierte Welt der Straßen-Infrastruktur heraus. Die Fortsetzung dieser temporären Maßnahmen wird im Wesentlichen von der rechtlichen Möglichkeit abhängen, sie in permanente Entwürfe umzuwandeln. Um diese Möglichkeiten zu verbessern, muss jedoch das System der Infrastruktur-Standardisierung selbst verändert werden. Beispielsweise hat Brüssel während der Krise im Mai 2020 zeitweise sein Stadtzentrum, den Bezirk Pentagon, angepasst und die Höchstgeschwindigkeit auf 20 Kilometer pro Stunde gesenkt, um Lebensqualität und Sicherheit zu verbessern. Die Umwandlung in eine verkehrsberuhigte Zone erlaubt es Fußgänger*innen, die gesamte Straßenbreite und nicht nur den Bürgersteig zu benutzen. Sie hatten so mehr Platz und gleichzeitig reduzierte sich ihr Ansteckungsrisiko.[23] Um diese positive Entwicklung fortzuführen, verlangsamte man das gesamte Verkehrssystem im Januar 2021 und griff dabei auf lange bestehende Planungen zurück. Die Lärmbelästigung wurde reduziert und die Sicherheit erhöht – nicht nur in der Innenstadt.[24] Die jüngste Ausgabe des Züricher Leitfadens *Standards Fussverkehr* empfiehlt eine vergleichbare Strategie. Aufbauend auf Torontos *Complete Street Guidelines* wird hier vorgeschlagen, das Straßenprofil nicht nach den Bedürfnissen des (Auto-)Verkehrs von der Straßenmitte ausgehend zu gestalten, sondern es von den

22 Vgl. VCÖ – Mobilität mit Zukunft (11.2020): „Repräsentative Befragung von Österreichs Bevölkerung zu Covid-19 und Öffentlicher Verkehr". Wien
23 Vgl. Stadt Brüssel (letzte Überarbeitung: 15.02.2021): „Adjustment of the Pentagon Residential Area". https://www.brussels.be/residential-area (letzter Zugriff: 24.06.2021)
24 Vgl. Stadt Brüssel (letzte Überarbeitung: 04.01.2021): „Brussels 30 km/h Zone since 1 January 2021". https://www.brussels.be/brussels-30-kmh-zone-1-january-2021 (letzter Zugriff: 24.06.2021)

Rändern und den Bedürfnissen der aktiven Mobilität ausgehend zu erweitern.[25]

Überlegungen zu Auswirkungen auf die lokale Wirtschaft

Die Covid-19-Pandemie hat die Digitalisierung der Arbeitswelt und des Handels gleichermaßen vorangetrieben. Laut einer Befragung des Marktforschungsinstituts TQS für die Organisation VCÖ über das Homeoffice im Oktober 2020 war Arbeiten von zu Hause aus für etwa zwei Drittel der Beschäftigten in Österreich möglich – die Hälfte davon tat dies aufgrund der Covid-19-Pandemie tatsächlich häufiger als zuvor. 70 Prozent der Befragten erwarteten einen langfristigen Anstieg von Telearbeitsvereinbarungen und Online-Treffen.[26] Auch Unternehmen, die global arbeiten, wie etwa Allianz, Siemens, Google oder Facebook, erwarten eine Zunahme der Telearbeit, sogar über das Ende der Pandemie hinaus.[27] Dass Telearbeit und Homeschooling in der Pandemie zu Notwendigkeiten wurden, könnte den Ausgangspunkt für eine nachhaltige Veränderung unserer Mobilität markieren. Dennoch hat die Telearbeit nicht zu einer Reduktion der negativen Umweltauswirkungen des Pkw-Pendlerverkehrs beigetragen,[28] da ein sogenannter Rebound-Effekt entstand. Es hat sich gezeigt, dass die Maßnahmen, die (Pendler-)Mobilität verringern, zugleich einen Anstieg anderer Formen von Mobilität (zum Beispiel Fahrten zur Erholung und zu Freizeitaktivitäten) oder die Nutzung weniger nachhaltiger Verkehrsmodi fördern können. Beides könnte die potenziellen Klimaauswirkungen durch weniger Pendelverkehr zunichtemachen oder schmälern.[29]

25   Vgl. Stadt Zürich Tiefbauamt (2020): „Standards Fussverkehr". https://www.stadt-zuerich.ch/ted/de/index/taz/verkehr/verkehrskonzepte.html#fussverkehr (letzter Zugriff: 31.05.2021); Stadt Toronto: „Complete Streets Guidelines". https://www.toronto.ca/wp-content/uploads/2017/11/906b-Chapter-1.pdf (letzter Zugriff: 24.06.2021); https://www.toronto.ca/services-payments/streets-parking-transportation/enhancing-our-streets-and-public-realm/complete-streets/complete-streets-guidelines/ (letzter Zugriff: 04.03.2021)

26   Vgl. VCÖ – Mobilität mit Zukunft (06.11.2020): „VCÖ: Zwei Drittel der Beschäftigten können Home-Office arbeiten – die Hälfte davon ist infolge von Covid-19 häufiger im Home-Office". https://www.vcoe.at/presse/presseaussendungen/detail/vcoe-zwei-drittel-der-beschaeftigten-koennen-home-office-arbeiten-die-haelfte-davon-ist-infolge-von-covid-19-haeufiger-im-home-office (letzter Zugriff: 24.06.2021)

27   Vgl. Reichel, Johannes (23.09.2020): „Greenpeace-Studie: Homeoffice könnte Millionen Tonnen CO_2 sparen". https://vision-mobility.de/news/greenpeace-studie-homeoffice-koennte-millionen-tonnen-co2-sparen-65685.html (letzter Zugriff: 24.06.2021)

28   Vgl. Eleftherios, Giovanis (2018): „The Relationship between Teleworking, Traffic and Air Pollution". In: Atmospheric Pollution Research 9/2018. S. 1–14

29   Vgl. Scheuvens, Rudolf (2019): „Was kommt da auf uns zu? – Digitalisierung in Handel und Industrie". Seminar: Smarte Quartiersentwicklung in kleinen und mittelgroßen Städten, Graz

Weil jeder Mensch ein mehr oder weniger stabiles „Mobilitätszeit-budget" hat, ist die Zeit, die wir täglich unterwegs sind, im Durchschnitt konstant. Dies gilt ungeachtet veränderter Rahmenbedingungen, denn die „gesparte" Zeit wird zumeist für andere Formen der Mobilität verwendet.[30] Die Fahrten, die man nicht für die Arbeit macht, werden durch andere ersetzt – einige aus Notwendigkeit, zum Beispiel zum Einkaufen, andere zum Vergnügen. Um diesen Rebound-Effekt zu vermeiden, ist es wichtig, eine städtische Umgebung zu schaffen, die die grundlegenden Lebensnotwendigkeiten in unmittelbarer Nähe bietet, um so die Pkw-Nutzung obsolet zu machen. Das bedeutet: Wenn Telearbeit die Verringerung von Mobilität beeinflussen soll, dann muss sie Hand in Hand mit der „Stadt der kurzen Wege" gedacht werden.

Einige Städte haben bereits vor der Pandemie Pläne für eine 15-Minuten-Stadt entwickelt und vorangebracht. Die Idee basiert auf den Ansätzen des Chrono-Urbanismus, der auf dezentrale städtische Strukturen setzt. Folgt man dieser Idee, dann wird jedes Quartier mit Lebensmittelläden, Arztpraxen, Freiflächen und Erholungsgebieten, Sportstätten, Gemeinschaftsbüros, Schulen und Kitas ausgestattet. All diese städtischen Funktionen des täglichen Bedarfs sind dann von jedem Punkt der Stadt aus innerhalb einer Viertelstunde zu Fuß oder per Fahrrad erreichbar. Dementsprechend sind die Verbindungswege nicht länger als autogerechte Fahrbahnen ausgeführt, sondern bieten ausreichend hochwertigen öffentlichen Raum für aktive Mobilitätsformen.[31]

Paris hat sich dieser Entwicklung bereits verschrieben. Die Stadtregierung ist davon überzeugt, dass Maßnahmen zur 15-Minuten-Stadt neben Verkehrs- und Umweltvorteilen auch sozial nachhaltigere Städte mit einem pulsierenden Gemeinschaftsleben wie auch ökonomische Vorteile für Verkauf und Dienstleistung hervorbringen können.[32] Frankreichs Hauptstadt soll in eine grüne Stadt mit kurzen Wegen und weniger Parkplätzen und Autos verwandelt werden.

30   Vgl. Haselsteiner, Edeltraud u. a. (2020): „Zwischenergebnisse/Zusammenfassung: mobility4work – Mobilität für die digitalisierte Arbeitswelt". https://projekte.ffg.at/anhang/609145e59be3f_mobility4work_ERGEBNISBERICHT_final_kl.pdf (letzter Zugriff: 24.06.2021)

31   Vgl. Eisenreich, Stefanie (01.2021): „Paris auf dem Weg zur Stadt der 15 Minuten?". https://www.goethe.de/ins/fr/de/kul/dos/nhk/22079262.html (letzter Zugriff: 04.03.2021)

32   Vgl. Pumhösel, Alois (26.10.2020): „Auf dem Weg zur 15-Minuten-Stadt". In: Der Standard. https://www.derstandard.at/story/2000121064251/auf-dem-weg-zur-15-minuten-stadt (letzter Zugriff: 24.06.2021)

Um dieses ehrgeizige Ziel zu erreichen, sollen 70.000 Parkplätze in der Innenstadt durch Grünflächen, Spielplätze und Fahrradwege ersetzt werden.[33] Das bedeutet, dass jeder zweite oberirdische Parkplatz wegfällt und sich die meisten Parkplätze nicht mehr im öffentlichen Raum, sondern in Garagen befinden. Ausgenommen der Ringstraße, der Périphérique, wird die Höchstgeschwindigkeit im gesamten Stadtgebiet auf 30 Kilometer pro Stunde reduziert. Die meisten innerstädtischen Wege sollen zu Fuß oder per Rad zurückgelegt werden. Beim motorisierten Verkehr werden lediglich der Liefer- und Wirtschaftsverkehr sowie Menschen mit gesundheitlich eingeschränkter Mobilität bevorzugt.[34]

Die Tatsache, dass diese Vision von Stadt einer der Gründe für die Wiederwahl der Bürgermeisterin Anne Hidalgo inmitten der Pandemie war, verdeutlicht die Sensibilität der Bevölkerung für das Thema der Stadt der kurzen Wege.

Überlegungen zum Ressourcen-Metabolismus

Das belgische Institut für öffentliche Gesundheit hat Ende Juli 2020 zu Beginn des ersten Lockdowns eine Serie von kartografischen Darstellungen veröffentlicht, die die Konzentration von Covid-19-Fällen in den Stadtbezirken in Brüssel darstellen. Deutlich wurde, dass die Bevölkerung in den wirtschaftlich benachteiligten Bezirken besonders häufig vom Virus betroffen ist. Diese Karten zeigen deutlich, dass die Wohnbedingungen (beengte/überfüllte Wohnungen) ein Faktor sind, der die Ansteckung begünstigt.[35] Doch obwohl Wohnhäuser der Rohstoff der Stadt sind, kann man sie nicht isoliert betrachten. Sie müssen vielmehr in Verbindung mit anderen Räumen, der Straße und dem Quartier, gedacht werden. Man darf dabei nicht vergessen, dass es in den benachteiligten Quartieren meist auch an Grünflächen mangelt. Während der Mobilitätseinschränkungen aufgrund der Covid-19-Pandemie wurde

33   Vgl. Eisenreich (2021) (wie Anm. 31)
34   Vgl. Vereinigung für Medienkultur (29.10.2020): „Für die 15-Minuten-Stadt: Paris hebt 70.000 Parkplätze auf". http://www.medienkultur.at/neu/fuer-die-15-minuten-stadt-paris-hebt-70-000-parkplaetze-auf/ (letzter Zugriff: 24.06.2021)
35   Vgl. CSL – Comité Scientifique du Logement (16.02.2020): „Le rapport du Comité Scientifique du Logement est disponible en ligne". https://perspective.brussels/fr/actualites/le-rapport-du-comite-scientifique-du-logement-est-disponible-en-ligne (letzter Zugriff: 24.06.2021); Banabak, Selim u. a. (01.02.2021): „Stadt/Land: Wo kommt es zu den häufigsten Covid-19-Ansteckungen?". In: Der Standard. https://www.derstandard.at/story/2000123711480/stadt-land-wo-kommt-es-zu-den-haeufigsten-covid-19 (letzter Zugriff: 24.06.2021)

immer deutlicher, wie stark der Zugang zu nahegelegenen Grünflächen und Erholungsorten die physische und psychische Gesundheit
beeinflusst.[36]

Gleichzeitig ist der Wunsch der Menschen gewachsen, von der
Stadt weg in „grünere" Vororte zu ziehen, was potenziell zu nicht-
nachhaltigen Siedlungsmustern führt. Weil Frei- und Grünflächen
ganz offensichtlich zur Wohnqualität innerhalb des Stadtgefüges
beitragen, kann also ein Mehr an qualitativen Freiräumen eine Alternative zu kleinteiligen Vorortsiedlungen darstellen.

Es wird deutlich, dass die Umwandlung des Verkehrsraums Teil der
Ökologisierung der Stadt ist. Die Initiative *17 Grüne Meilen* wirbt
in Graz für eine grünere und lebenswertere Stadt. Sie verfolgt das
Ziel, mindestens eine Straße in jedem der 17 Grazer Stadtbezirke
in qualitativ hochwertige öffentliche Räume zu verwandeln, die
den Anforderungen ökologischer und sozialer Nachhaltigkeit ge-
nügen. Die Transformation soll durch eine Neu-Organisation des
Straßenprofils, die Bevorzugung des Fußgänger- und Radverkehrs
und die Integration von Elementen zur Erhöhung der Aufenthalts-
dauer erreicht werden. Im Kontext des Forschungsprojekts *Grüne
Meilen Graz* wurden diese Elemente gesammelt, analysiert und
entsprechend ihrer Funktion („grüne Module", „Wassermodule",
„Module des Verweilens" und „andere Module" – dazu gehören
unter anderem Beleuchtungskörper und Verschattungselemente
sowie Fahrradständer) und ihrer erwarteten Auswirkungen auf das
Mikroklima (Kühlung, verbesserte Luftqualität, Entsiegelung) kate-
gorisiert. Der daraus entstandene Werkzeugkasten von verschiedenen Elementen dient als Vorbild für die Entwicklung dieser Grünen
Meilen in Graz.[37] In Wien erkannte man die Notwendigkeit, schnell
zu handeln und begann bereits im Sommer 2020, die Straßen zeitweilig zu kühlen. Entsprechend der *Wiener Hitzekarte* wurden die
Gebiete, die am dringendsten gekühlt werden mussten, festgelegt
und dort 18 „coole Straßen" geschaffen. Wasserspielplätze für Kinder wurden installiert und schattige Bänke positioniert, auf denen
ältere Menschen ihre Einkaufstaschen abstellen und sich treffen

36   Vgl. Geserick, Christine u. a. (2016): „Lebenssituationen und Wohntrends in Österreich".
      https://www.ssoar.info/ssoar/handle/document/58009 (letzter Zugriff: 04.03.2021)
37   Vgl. Die Grünen (08.07.2020): „Judith Schwentners Plan: 17 Grüne Meilen für Graz".
      https://graz.gruene.at/themen/umwelt-und-tierschutz/judith-schwentners-plan-17-
      gruene-meilen-fuer-graz (letzter Zugriff: 24.06.2021); Mrazek, Daniela (2021): „Grüne
      Meilen Graz". Hrsg. v. der Stadt Graz / Umweltamt. https://www.umweltservice.graz.at/
      infos/andere/Gruene_Meilen_Graz.pdf (letzter Zugriff: 24.06.2021)

konnten. Insgesamt wurden 698 Straßenmöbel, 40 kleine Bäume und 90 Blumenkübel aufgestellt. Außerdem pflanzte man Rasen und installierte Sprühnebel-Stelen. Das führte zu messbaren Verbesserungen des Mikroklimas, die in einer Studie erfasst wurden.[38] Die Straßen waren zeitweilig für den Autoverkehr gesperrt und verwandelten sich in lebendige Freiräume, die das soziale Miteinander förderten. Laut einer Studie befürwortete die Mehrheit der Wiener Bevölkerung dieses Projekt. In der Folge beschloss die Stadt 2021, vier Straßen dauerhaft in *Cool Streets Plus* umzuwandeln, indem Bäume gepflanzt, Asphalt in hellen Farben eingesetzt und Schatten spendende Anlagen oder Wasserelemente installiert wurden.[39]

Grundlegende Veränderungen strebt man auch in Brüssel an. Infolge der Auswirkungen der Pandemie beschäftigte sich dort eine Kommission damit, wie die Wohnqualität in wirtschaftlich benachteiligten Bezirken verbessert werden kann. Eine der Empfehlungen lautet, auf Bezirksebene Strategien zu entwickeln, um bestehende Landschaftsstrukturen aufzugreifen und zu qualifizieren oder den Parameter „Verhältnis von Grünflächen zu Neubau" in der städtebaulichen Entwurfsphase zu berücksichtigen.[40] Die Stadt Brüssel und das Planungsbüro Artgineering zeigen an einem Modellprojekt im Bezirk Haren, wie dies erfolgreich gelingen kann. Dort wird ein Netzwerk für aktive Mobilität entlang von und zu Freiräumen und Grünflächen ausgewiesen und vor allem planungsrechtlich als Basis für die künftige bauliche Entwicklung verankert.[41] Nach einem anfänglichen Identifikationsprozess sollen naturnahe Flächen sowohl auf privatem als auch öffentlichem Gebiet angelegt und peu à peu mit der vorhandenen Vegetation, den Waldgebieten und Gärten einer bestimmten Größe zu einem Netzwerk verbunden werden.[42] Dahinter steht das Ziel, Grünflächen sowohl in ihrer systemischen als auch in ihrer Erholungsfunktion wertzuschätzen, indem man Flächen ausweist, die Kontakt zwischen Wohnen und Landschaft ermöglichen, und damit zugleich Korridore der Biodiversität schafft.

38 Vgl. Stadt Wien (o. D.): „Coole Straßen sorgen für Abkühlung". https://www.wien.gv.at/verkehr-stadtentwicklung/coolestrasse.html (letzter Zugriff: 04.03.2021)

39 Vgl. Stadt Wien (o. D.): „Coole Straßen Plus". https://www.wien.gv.at/verkehr/strassen/coole-strassen-plus.html (letzter Zugriff: 04.03.2021); Streetlife Wien (o. D.): „Coole Straßen". https://www.streetlife.wien/coolestrasse/ (letzter Zugriff: 04.03.2021); mobilitätsagentur wien: „Die Straßen kriegen hitzefrei". https://www.mobilitaetsagentur.at/coolestrasse/ (letzter Zugriff: 04.03.2021)

40 Vgl. CSL (2020) (wie Anm. 35)

41 Vgl. Artgineering: „Vademecum aménagement et signalisation des sentiers et chemins de Haren". Projektbeschreibung (unveröffentlicht); Stadt Brüssel (2020): „Dénomination des chemins et sentiers de Haren". https://www.bruxelles.be/denomination-des-chemins-et-sentiers-de-haren (letzter Zugriff: 15.04.2021)

42 Vgl. CSL (2020) (wie Anm. 35)

Wir können also schlussfolgern: Telearbeit und die Entwicklung der aktiven Mobilität können dazu beitragen, den Verkehrsraum zu reduzieren, wenn wir den Rebound-Effekt vermeiden und mehr quartiersnahe Angebote schaffen. Der wiedergewonnene Raum erlaubt uns, den ökologischen Wert der Stadt zu steigern und sie für zukünftige Entwicklungen und Transformationen vorzubereiten. Die Krise, die wir gerade erleben, kann als Chance wahrgenommen werden, eine neue Beziehung zwischen Raum für Mobilität und einer nachhaltigen Vision von Stadt zu etablieren.

Jenseits der Stadt

Nicht zuletzt könnten die Möglichkeiten der Telearbeit ein Anreiz für Menschen sein, weiter weg vom Arbeitsplatz zu ziehen und damit die Pendelstrecken zu verlängern, selbst wenn sie nicht täglich gefahren werden.[43] Immobilien in Vororten stehen momentan hoch im Kurs. Dennoch wurde die Idee der 15-Minuten-Stadt bisher ausschließlich in den zentralen Bereichen europäischer Großstädte angewandt. Wenn wir aber die Probleme der Sub- und Periurbanisierung weder weiterführen noch vergrößern wollen, muss dieser Ansatz auf den gesamten Ballungsraum und das Stadtumland übertragen werden. Einen solchen Versuch unternimmt das Projekt *Leefbuurten* (Lebenswerte Nachbarschaft), das 2021 vom flämischen Minister Bart Somers zusammen mit dem Team Vlaams Bouwmeester, Fietsberaad Vlaanderen und der Agentschap Binnenlands Bestuur gestartet wurde. Ziel ist es, sub- oder periurbane Bezirke zu transformieren und sie zu ermutigen, qualitativ hochwertige öffentliche Plätze in Wohngebieten zu schaffen. Eine *lebenswerte Nachbarschaft* hat Fußgänger*innen und Radfahrende im Blick, bietet ein gesundes und angenehmes Wohnumfeld, Grünflächen für Erholung und wird den ökologischen Anforderungen gerecht. Der Vorschlag geht mit einem neuen Paradigma einher: Die Wahl des Wohnortes wird nicht länger mit Rücksicht auf den Arbeitsort getroffen, sondern vielmehr von der Frage beeinflusst, wo jemand wohnen möchte.[44]

43   Vgl. VCÖ – Mobilität mit Zukunft (12.03.2020): „Home-Office Anteil in der Generation 50 Plus am höchsten". https://www.vcoe.at/presse/presseaussendungen/detail/home-office-anteil-in-der-generation-50-plus-am-hoechsten (letzter Zugriff: 24.06.2021)
44   Vgl. Vlaams Bouwmeester: „Leefbuurten". Projektbeschreibung. https://www.vlaamsbouwmeester.be/nl/subsite/leefbuurten (letzter Zugriff: 04.03.2021); Vlaams Bouwmeester: „Buurten met lef, buurten vol leven". https://vlaamsbouwmeester.be/sites/default/files/uploads/Brochure%20Leefbuurten_46blz%20%2B%20cover_1012_web.pdf (letzter Zugriff: 15.04.2021)

Wenn wir also die soziale und räumliche Trennung am Stadtrand nicht fortsetzen wollen, müssen wir ein Modell von Stadt vorschlagen, das sich um die Fragilität der Stadt kümmert und dem Mangel an qualitätvollen Räumen und Natur etwas entgegensetzt. Unsere Mobilitätsräume müssen sich von ihrer Zugehörigkeit zur Welt des Ressourcenverbrauchs wegbewegen hin zur Welt der Reparatur. Erstere entwickelt weiterhin die Extraktionsökonomie, indem sie sich weigert, die globale Erwärmung und die damit verbundene Krise zur Kenntnis zu nehmen, während Letztere versucht, Gebiete durch Flicken miteinander zu verweben, sie zu reparieren, auszubessern und eine beschädigte Welt neu aufzubauen.

David Sim

Die *Soft City* in harten Zeiten

Wie sich der öffentliche Raum in Dänemark bewährt hat

2019 erschien mein Buch *Soft City*.[1] Der Untertitel *Building Density for Everyday Life* könnte sich 2020 und 2021, in einer Welt, die sich mit einer Pandemie auseinandersetzen muss, nicht schlimmer anhören, geht es doch bei der *Soft City* um gemeinsames urbanes *Hygge* und um engagierte Teilnahme am öffentlichen Leben. Unter Corona-Bedingungen stellt man sich eine Stadt vor, die härter und kälter ist als jemals zuvor, mit einer Kultur des *Social Distancing*, mit dem Privatauto als bevorzugtem Fortbewegungsmittel, mit Bewohner*innen, die sich in die freistehenden Einfamilienhäuser der Vororte zurückziehen, oder sogar, in *Splendid Isolation*, hoch oben in Betontürme. Jetzt, da wir uns langsam aus der Pandemie herausarbeiten, möchte ich einige der Themen des Buches aufgreifen und sie auf die Stadt nach Corona beziehen, da wir gemeinsam beginnen, unsere Städte neu zu definieren, um neuen Verhaltensweisen gerecht werden zu können. Aber natürlich geht es hier nicht nur um

1   Sim, David (2019): Soft City: Building Density for Everyday Life. Washington

meine Gefühle. Schließlich hat jeder eine Meinung, die auf eigenen Erfahrungen beruht. Das Architekturbüro Gehl, bei dem ich arbeite, ging inmitten des Lockdowns und anschließend nach draußen, um das öffentliche Leben in vier dänischen Städten zu beobachten und um herauszufinden, wo sich die Leute aufhielten und wie sie miteinander umgingen. Wir konnten sehen, wie Straßen und öffentliche Plätze, Parks und Spielplätze den ganz besonderen Bedürfnissen des öffentlichen Lebens in der Pandemie dienten. Bei den Recherchen wurden wir von der Stiftung Realdania, der Stadt Kopenhagen und über achtzig Interviewern unterstützt.[2]

Was wir dabei lernten, war ermutigend. In der Pandemie zeigte sich nicht nur, wie wichtig und wertvoll öffentliche Plätze sind, sondern wir konnten erahnen, dass die Verhaltensmuster, die sich dabei herausbildeten, Vorboten einer städtischen Zukunft sein könnten; einer Zukunft, in der das Lokale, die sanfte Mobilität und die körperliche und geistige Gesundheit eine wichtige Rolle spielen werden.

Wie viele andere Länder erlebte Dänemark einen Lockdown, in dem große Bereiche der Gesellschaft wie Schulen, kommunale und kulturelle Institutionen sowie Arbeitsstätten geschlossen waren, sodass fast alle Menschen mehr Zeit zu Hause verbrachten. Wir gingen vor allem dann aus dem Haus, wenn wir Lebensmittel oder andere notwendige Dinge kaufen, spazieren gehen oder Sport treiben wollten. Während wir also das Leben in öffentlichen Räumen betrachteten, stellten wir fest, dass es einen Rückgang bei den klassischen kommerziellen Aktivitäten im Stadtzentrum gab, aber an ihre Stelle vermehrt Erholung, Sport und Spiel getreten waren. Tatsächlich war die Nutzung der öffentlichen Plätze mehr oder weniger identisch mit der Zeit vor Corona, dagegen war die Mobilität stark zurückgegangen.

Die Anzahl der Fußgänger*innen stieg in den Quartieren außerhalb des Stadtzentrums, während sich die Mobilität im Zentrum verringerte. Orte, die bereits eine öffentliche Aktivität wie Ballspielen ermöglichten, wurden sogar noch populärer als zuvor. Vor allem Kinder und ältere Menschen nutzten die öffentlichen Orte häufiger als früher, was insofern bemerkenswert ist, als ihre Vulnerabilität in der Pandemie besonders groß war. Scheinbar wurde es den Men-

2   Die Arbeit von Gehl Architekten gründet auf der empirischen Erforschung des Alltagslebens. Unter https://covid19.gehlpeople.com/ finden sich die Recherchen über das öffentliche Leben während der Corona-Pandemie.

schen immer wichtiger, Grundbedürfnisse wie das Draußen-Sein
unter Menschen zu befriedigen.

Nach dem Lockdown setze sich diese Umverteilung der Nutzer*innen des öffentlichen Raums fort, mit mehr Kindern und mehr Älteren.
Und die Quartiere, deren Beliebtheit im Lockdown gestiegen war,
blieben weiterhin populär. Es schien, als ob die Nachbarschaften,
die eine Mischung und eine Vielfalt an Freizeiteinrichtungen boten,
häufiger frequentiert wurden und dort mehr Spiele und Sportaktivi-
täten stattfanden. Die Zahl der Menschen, die sich an öffentlichen
Orten miteinander unterhielten, stieg, und man sprach auch öfter mit
Unbekannten. Auch wenn der motorisierte Verkehr zunahm, so stieg
der Anteil der Fußgänger*innen und Radfahrenden noch mehr.

Um es gleich vorwegzunehmen: Ich glaube nicht, dass die Corona-
Pandemie das Ende des städtischen Lebens, wie wir es kennen, einläutet. Ich vermute sogar das Gegenteil. Auf mannigfaltige Weise hat
die Pandemie die Vorteile des Lebens in Städten wieder bewusst
gemacht und ihren Wert gestärkt, zumindest dann, wenn sie „sanfte"
Städte sind.

Weniger Raum, mehr Zeit

Unser Leben wird von Raum und Zeit geprägt. Die von Menschen
geschaffenen Konstrukte um dieses Phänomen herum beinhalten
und strukturieren unseren Alltag. Während der Pandemie hatten
wir plötzlich weniger Platz für unser tägliches Leben und zusätzlich
mehr Zeit, die wir auf kleinerem Raum verbringen mussten.

Nicht alle Städte sind wie Kopenhagen, wo in skandinavisch-
demokratischer Tradition über die vergangenen 60 Jahre hinweg
fortlaufend und beständig Investitionen in den öffentlichen Raum
getätigt wurden. Betrachtet man die Pandemie im globalen Maß-
stab, dann wird deutlich, dass sie kein Gleichmacher ist, was Raum
und seine Verteilung angeht. Im privaten Bereich spiegeln die Qualität und Quantität des Raumes beinahe immer die wirtschaftliche
Macht wider. Und sicher ging es den Wohlhabenderen angesichts
des Komforts größerer Wohnräume und der Flexibilität ihres
Lebensstils im Lockdown besser.

Zudem macht es einen wütend, dass Wohnungen mit größeren
privaten Annehmlichkeiten häufiger in Quartieren mit besseren

öffentlichen Einrichtungen und weitläufigeren öffentlichen Flächen zu finden sind, was zugleich dabei hilft, das Ansteckungsrisiko des Virus durch soziale Kontakte zu verringern. Räumliche und soziale Einschränkungen verschlimmern prekäre Lebensweisen in kleinen Wohnungen und mit beschränktem Zugang zu qualitätsvollen öffentlichen Räumen.

Anders als der Raum scheint die Zeit demokratischer zu sein, wenn man bedenkt, dass jeder Mensch nur 24 Stunden pro Tag zur Verfügung hat, ungeachtet von Macht oder Status. Jedoch muss man festhalten, dass diejenigen, die mehr Stunden für weniger Geld arbeiten, eher an ihren physischen Arbeitsplätzen anwesend sein müssen. Außerdem müssen sie weitere Strecken zurücklegen, um dorthin zu gelangen. Und das sind dieselben Menschen, die in Quartieren mit weniger Annehmlichkeiten leben.

Die Stadt der Minuten

Im eigenen Viertel bleiben zu können, hat sich als Luxus entpuppt und ich glaube, dass diese Erkenntnis die weltweite Faszination der viel gerühmten 15-Minuten-Stadt erklärt. Bei dem Vorteil physischer Nähe geht es nicht nur um Raum. Es geht genauso um das Geschenk von Zeit. Die 15-Minuten-Stadt kann man auch in noch kleineren Teilmengen des städtischen Lebens betrachten: die 1-Minuten-Stadt, die 3-Minuten-Stadt und die 5-Minuten-Stadt.

Jan Gehl spricht oft von dem weit höheren Wert eines Quadratmeters an nutzbarem Raum direkt vor unserer Haustür als von 100 Quadratmetern in einem Park, der ein paar Blocks entfernt liegt. Das lässt mich an das Hyperlokale denken: der hohe Wert der Übergänge zwischen Haus und Stadt, die weniger als eine Minute entfernt sind. Oder die Koexistenz zweier sehr verschiedener Welten wie etwa der geschlossene Hof, der 30 Sekunden entfernt von der geschäftigen Straße liegt. Oder die kleinen Details wie eine durchgehende Pflasterung oder der Mittelstreifen, die es ermöglichen, die Straße spontan zu überqueren ohne einen zeitaufwendigen Umweg.

Hyperlokales Leben entsteht durch diese scheinbar banalen Details. Es braucht nur 15 Sekunden, um Laptop und Kaffeetasse in den Garten oder auf den Balkon zu bringen, und schon hat man eine völlig andere Arbeitsumgebung im Freien. Innerhalb von 45 Sekunden können Kinder draußen sicher im Garten miteinander spielen, wäh-

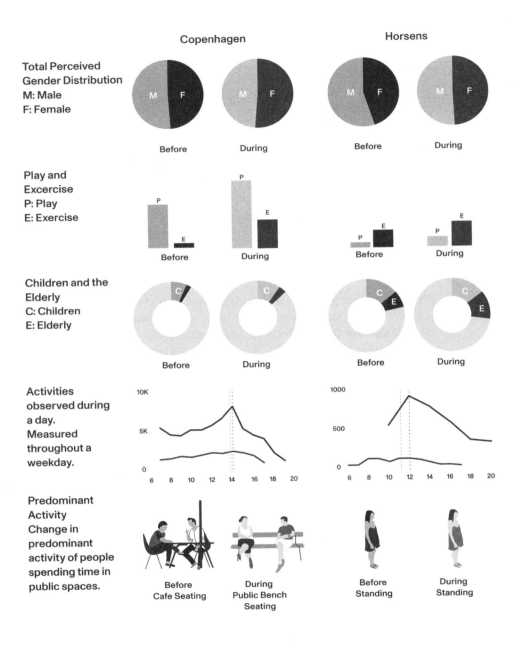

Copenhagen

Horsens

Total Perceived
Gender Distribution
M: Male
F: Female

Before   During   Before   During

Play and
Excercise
P: Play
E: Exercise

Before   During   Before   During

Children and the
Elderly
C: Children
E: Elderly

Before   During   Before   During

Activities
observed during
a day.
Measured
throughout a
weekday.

Predominant
Activity
Change in
predominant
activity of people
spending time in
public spaces.

Before
Cafe Seating

During
Public Bench
Seating

Before
Standing

During
Standing

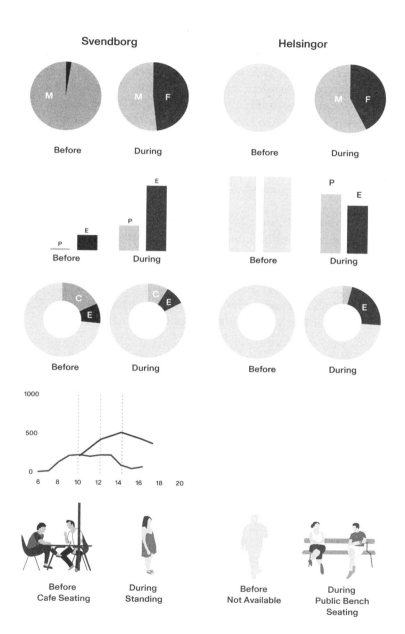

Svendborg

Helsingor

Before   During

Before   During

E

P

E

P

Before   During

Before   During

P

E

C

E

C

E

E

Before   During

Before   During

1000

500

0

6 8 10 12 14 16 18 20

Before
Cafe Seating

During
Standing

Before
Not Available

During
Public Bench
Seating

rend andere Eltern nach ihnen schauen, wenn man das Essen zube-
reitet. Natürlich wird es länger als 45 Sekunden dauern, sie wieder
reinzubringen, wenn das Essen fertig ist. Wenn die Bäckerei um die
Ecke ist, kann man in drei, vier Minuten frisches Brot kaufen. Wenn
die Straße voller nützlicher Läden und Dienstleistungen und gut auf-
gestellter Bänke ist, dann kann es ein Vergnügen sein, auf den Bus
zu warten. Das Warten kann leicht zu einer spontanen Kaffeepause
werden, eine sonnige Unterbrechung bieten oder ein freundliches
Gespräch anregen. Auf diese Art können kostbare Minuten zu ge-
nüsslichen Momenten werden.

Eine Stadtgestalt, die uns verbindet

Von Berufs wegen sehe ich, wie die architektonische Gestaltung
unserer Umgebung zur Nachbarschaft einlädt oder diese hemmt.
Oft ist es etwas ganz Banales wie die Lage eines Fensters oder die
Setzung einer Tür, die Erschließung von Wohnungen über ein gemeinsames Treppenhaus oder das Vorhandensein eines Balkons.
Diese einfachen Phänomene können spontane Einladungen oder
zufällige Treffen in der Nachbarschaft ermöglichen und fördern.

Ein einfaches Beispiel ist die Straße. Es ist klar geworden, dass
Straßen mehr können als Autos beherbergen. Wenn man bewusst
Schwerpunkte setzt und die vorhandenen Flächen neu verteilt,
ermöglichen Straßen mehr Mikromobilität, stellen nützlichen Raum
zur Verfügung, in dem Handel betrieben werden kann, und bieten
die benötigten Erholungsflächen. Außerdem findet sich das analoge
Muster der traditionellen Straße oft in (digitalen) Gruppen wieder,
die Nachbarschaftshilfe anbieten und damit zeigen, dass Nachbarschaft nicht nur ein Ort, sondern auch eine Geisteshaltung ist.

Überall auf der Welt haben wir, trotz der Herausforderungen durch
die Pandemie, die Vorzüge des Lebens in der Stadt gesehen, vor
allem dann, wenn es sich um „sanftere" Städte handelt. Die folgenden Beobachtungen widmen sich einigen sanften städtischen
Phänomenen, die eine große Bedeutung für das Funktionieren und
die Lebensqualität im Lockdown hatten und gleichzeitig Lösungen
anbieten, wie wir in Zukunft bessere Städte gestalten können.

Die optimistischsten Bilder in der Pandemie kamen von einem der am stärksten betroffenen Länder der Welt inmitten der Tragödie. Wenige werden die charmanten Balkonszenen aus Italien vergessen. Der Balkon ist etwas so Einfaches und Erschwingliches, verglichen mit den hohen Kosten und der Lebensdauer eines Autos oder einem Gerät wie dem Fernsehapparat oder dem PC. Es handelt sich gerade mal um ein paar Quadratmeter aus Beton oder Holz, doch sie dienen dem Menschen seit Hunderten von Jahren, versorgen ihn täglich mit frischer Luft und Sonnenschein und verbinden ihn mit der Welt da draußen.

Außer Balkonen gibt es noch andere Übergangszonen: *Porches*, Terrassen, Vestibüle, Erkerfenster, Außentreppen und offene Veranden. All dies sind nützliche Puffer zwischen innen und außen, überbrücken das Öffentliche und das Private und bieten oft die erforderlichen 2 Meter für den physischen Abstand an. Aber diese architektonischen Puffer funktionieren auf zweierlei Weise, nicht nur als Distanzraum, sondern auch, indem sie Nähe, Gesellschaft und sogar Intimität erlauben. Das reicht von praktischen Gesichtspunkten wie dem Ablegen eines Pakets oder dem Abstellen angelieferter Gemüsekisten bis hin zu wirklich erfreulichen Dingen: einem Platz, um draußen sitzen, das Wetter genießen und sich mit dem Rest der Menschheit verbunden fühlen zu können, während man sicher zu Hause bleibt.

Der Wert fußläufiger Gebäude

Das Treppenhaus ist eine ähnlich einfache Einrichtung wie der Balkon. Es schafft in einem Wohnhaus ohne Fahrstuhl eine widerstandsfähige Mietergemeinschaft, eine, die viele Probleme selbst lösen und sich umeinander kümmern kann. Es ermöglicht tägliche Begegnungen, ermöglicht acht, zehn oder zwölf Haushalten, ständig auf dem neuesten Stand zu sein und Kenntnis vom Leben der anderen zu haben, Vertrauen und gemeinsames Verständnis zu schaffen – und die alte Dame im zweiten Stock im Auge zu behalten und zu wissen, bei wem man Milch oder eine Flasche Wein borgen kann. Und die Kinder wissen, dass es andere Erwachsene gibt, an die sie sich wenden können, wenn ein Elternteil mal abwesend ist.

Verschiedene öffentliche Plätze wurden während
des Lockdowns stärker genutzt.

Auf dem Sundbyøster-Platz in Kopenhagen war
an einem Wochenende im April 2020 doppelt so
viel Publikumsverkehr wie an einem Vergleichs-
wochenende im Dezember 2019.

Same flow of people
on Amagerbrogade
Later peak time—
14.00, 17.00

Key:

New activity during COVID

Activity, which remained the same

Activity not present during COVID

Different age group

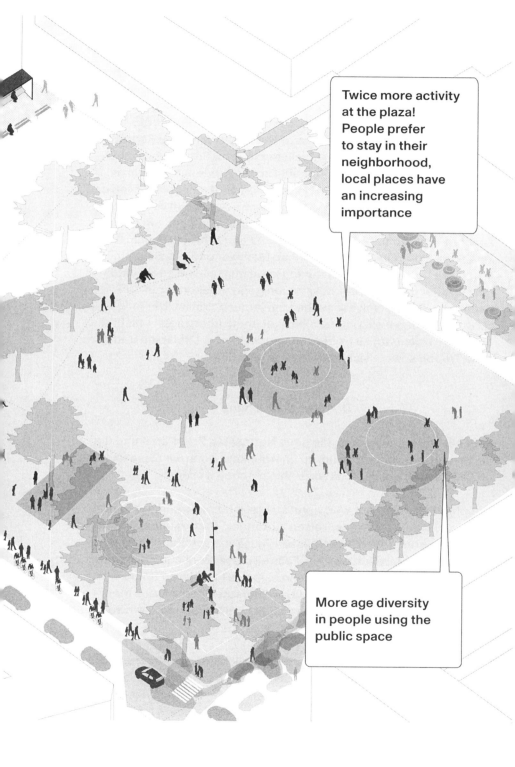

Geht es um eine höfliche körperliche Distanz, dann ist das Treppen- haus der ultimative Verhandlungsraum. Man kann die Wohnungstür öffnen, um herauszufinden, ob jemand da ist oder gerade kommt: Man kann einfach hören, ob die Luft rein ist. Umgekehrt, wenn man auf der Treppe hinauf- oder hintuntergeht, kann man hören, wie die Türen vor oder hinter einem geöffnet werden, und je nachdem, um wen es sich handelt, kann man langsamer oder schneller gehen. Und natürlich erlaubt der geteilte akustische Raum eine Begrüßung und einen kurzen Austausch nützlicher Informationen. Verglichen damit ist die Nutzung des Fahrstuhls in der Pandemie wie russisches Roulette. Er ist eng und begrenzt und mit seinen Knöpfen und Oberflächen außerdem eine unhygienische Schachtel voller Viren. Es gibt dort keine natürliche Lüftung oder Sonnenlicht, um das Virus zu töten. Physische Distanz ist in einem Fahrstuhl unmöglich. Es gibt keinen Platz für die kleinen höflichen Manöver und das Beiseite- treten wie auf der Treppe. Natürlich kann man alleine im Fahrstuhl fahren, aber das offenbart Misstrauen gegenüber anderen. Bei geöffneten Türen kann man sehen, ob jemand drin ist. Der mögliche Fahrgast ist dabei ein potenzieller Krankheitsüberträger – nicht die beste Art, Nachbarn zu treffen. Im Vergleich zum Lift ist die traditio- nelle Treppe sowohl sicherer als auch geselliger.

Der Wert des Gehens

In Großstädten zwingt uns die neue Normalität, Prioritäten und die Verteilung von Verkehrsraum zu überdenken, wenn wir Gesellschaft und Wirtschaft wieder funktionsfähig machen wollen.

Der öffentliche Verkehr war, wenn ausgelastet, während der Pande- mie nicht sicher. Um sicher reisen zu können, darf es nur ein Drittel an Passagieren geben. Also müssen Tausende von Pendler*innen davon ausgeschlossen werden. Falls all diese Menschen mit ihren Privatautos zur Arbeit führen, dann käme es in unseren Städten zu einem Verkehrskollaps, und natürlich bedeuten mehr Autos mehr Luftverschmutzung, was in Zeiten einer pandemischen Atemwegs- erkrankung inakzeptabel ist.

Gehen und Radfahren sind die erschwinglichsten, saubersten und platzsparendsten Fortbewegungsarten, bei denen man auch physisch Distanz halten kann. Zudem erfordern sie auch noch die günstigste und am schnellsten zur Verfügung stehende Infrastruk- tur. Gehen macht das *Social Distancing* einfach. Fußgänger*innen regeln das intuitiv selbst. Individuen haben Kontrolle darüber, wie sie mit anderen agieren, während sie sich ihren Weg durch die Stadt bahnen. Und gleichzeitig erlaubt das Gehen, individuell die eigene Schrittgeschwindigkeit zu wählen, die eigene Route und auch, wann man anhält, sich umschaut und verweilt. Auf diese Art ermächtigt das Gehen das Individuum.

Eine japanische Freundin erzählte mir, wie sie unabhängige Mobilität entdeckte, als sie die risikoreichen und überfüllten Waggons der Tokioter U-Bahn mied und zum ersten Mal stattdessen zu Fuß zur Arbeit ging. Es war die klügste Option, und sie fand heraus, dass ein 45-minütiger Spaziergang durchaus machbar war, was sie zuvor nicht für möglich gehalten hätte. Allein das war schon eine Entdeckung. Und wenn der Spaziergang zur Arbeit möglich war, dann wurde plötzlich eine ganze Reihe von anderen städtischen Zielen in ähnlicher Entfernung zu Fuß erreichbar. Die Stadt wurde auf eine völlig neue Weise begehbar, völlig unabhängig von irgendeinem Fahrplan, völlig frei von Ticketpreisen und völlig virusfrei. Und außerdem, unabhängig von der sportlichen Übung, die gratis ist, gab es entlang des Weges eine ganze Stadt mit sinnlichen Erfahrungen und nützlichen Dienstleistungen zu entdecken, Kirschblüten und Sonnenschein, Einkaufsmöglichkeiten und coffee to go. Und täglich konnte man die Route und die Schrittgeschwindigkeit ändern. Statt schwitzend und gestresst anzukommen, erschien meine Freundin erfrischt und inspiriert bei der Arbeit.

Mehr öffentlicher Raum

Man sollte den Wert von öffentlichem Raum, von Parkanlagen und Gärten, Straßen und Plätzen niemals unterschätzen. Obwohl die Kosten für Landschaftsgestaltung nur einen Bruchteil der Baukosten ausmachen, haben sich die Außenräume immer als gute Investition erwiesen und sind eine entscheidende Komponente dessen, was das Quartier zu einer wertvollen *Location* macht.

Wir haben gesehen, wie überall auf der Welt Straßenraum zu öffentlichen Orten umgewandelt wurde, die den auf engem Raum lebenden Bürger*innen frische Luft und Sportmöglichkeiten boten, soziale Kontakte auf sichere Distanz ermöglichten und die Kinder mit dringend benötigten Spielflächen versorgten. Diese Transformation diente auch den Interessen der lokalen Geschäfte. Sie erlaubte den Leuten, draußen zu warten, weil der Platz drinnen reglementiert war.

Sie diente auch Cafés und Restaurants, indem sich die Menschen
auf den Terrassen ausbreiteten als Kompensation für die Personen-
beschränkung der Innengastronomie, während gleichzeitig durch
den Abstand der Tische *Social Distancing* möglich war.

Einfachere Lösungen

Balkone und Gärten hinter dem Haus, Treppen und Straßenbäume,
größere gepflasterte Flächen und Radwege sind einfache, günstige
Lowtech-Lösungen für die komplexen Herausforderungen des städtischen Lebens. Es fällt auf, dass viele urbane Phänomene, die uns
besser vernetzte Lebensweisen ermöglichen in den schwierigen
Pandemie-Zeiten (wie auch vorher und nachher), nicht zwangsläufig teuer und kompliziert sind oder einen hohen Energieverbrauch
bedeuten.

Die Pandemie legte viele Schwachstellen in der Struktur der moder-
nen Gesellschaft offen, und einige dieser Mängel spiegeln die Unzu-
länglichkeit der gebauten Umwelt wider. Wenn wir das berücksichtigen, dann können wir vielleicht damit beginnen, uns unsere Städte
anders vorzustellen, mit mehr dieser einfachen, „weichen" Details,
die die Menschen besser in Beziehung setzen, um das Leben vor Ort
nicht nur möglich, sondern sogar attraktiver zu machen.

Und damit sind die Vorzüge der sanften Stadt nicht nur in einer Pandemie relevant. Durchdachte, einfache Lösungen können ein Schritt
hin zu einer gesünderen, nachhaltigeren und gerechteren Welt sein.
Und weil diese Lösungen nicht teuer sind, braucht es keine große
Fantasie, sich eine Stadt vorzustellen, in der alle Zugang zu Pflasterung und Spielplatz, Balkon und Radweg hat. Wie Jan Gehl oft sagt:
„Es ist preiswert, nett zu den Leuten zu sein."

Das Ende des städtischen Lebens – oder erst der Anfang?

Die Coronakrise hat uns die Möglichkeit eröffnet, unsere kostbare
Zeit auf unserem wertvollen Planeten zu schätzen, während sich die
Rahmenbedingungen von Raum und Zeit plötzlich geändert haben.
Wir erkennen, dass wir mehr oder weniger tun können. Wir müssen
nicht so viel konsumieren, um ein vollständiges Leben zu leben.
Wenn wir im Alltag weniger Energie und Ressourcen verbrauchen,
werden wir den Planeten von unnötigem Stress entlasten. Wenn wir

weniger Geld für unsere täglichen Aufgaben benötigen, werden wir uns selbst unnötigen Stress ersparen. In den Kanälen von Venedig schwimmen zwar (noch) keine Delphine, doch geht es dem Planeten besser, wenn wir stillhalten. Und auch für uns wird dieses langsamere, kommunikativere, lokale Leben besser sein.

Trotz einiger Herausforderungen glaube ich, dass sich das Leben der Menschheit zukünftig in der Stadt abspielen wird. Jedoch vermute ich, dass das städtische Leben nach Corona mehr im Hier und Jetzt stattfinden wird, man mehr Zeit zu Hause verbringen und mehr lokal leben wird, mit mehr Erledigungen per pedes oder per Fahrrad im Stadtviertel. Jaime Lerner, der kürzlich verstorbene brasilianische Architekt und Bürgermeister, sagte den berühmten Satz: „Städte sind nicht das Problem, sie sind die Lösung." Sogar nach einer Pandemie glaube ich, dass das wahr ist, wenn wir nach diesen harten Zeiten den Wert der lebenswerten Städte erkennen. Urbanismus kann uns Optimismus geben.

Drei Mahlzeiten von der Anarchie entfernt

Städte zwischen Versorgungssicherheit und Ernährungsarmut

Gestapelte Stühle, mit Flatterband abgesperrte Terrassen und improvisierte Schalter für das Essen zum Mitnehmen: Das sind die Bilder der Pandemie, die in Erinnerung bleiben werden. Das urbane Leben hatte das Essen bereits vor der Pandemie rastlos gemacht, doch jetzt wird umso schmerzlicher bewusst: In den Städten fehlen Orte ohne Konsumzwang, aber mit Aufenthaltsqualität, an denen mitgenommenes Essen verzehrt werden kann. Die Covid-19-Pandemie (oder besser die Versuche, sie zu bekämpfen) hat die Lebensmittelversorgung verändert. Andere Entwicklungen laufen eher im Hintergrund oder werden erst in Zukunft sichtbar: Marktanteile im Handel haben sich verschoben, soziale Probleme haben sich verschärft, Sollbruchstellen des Ernährungssystems wurden offengelegt.

Diese unerwarteten Entwicklungen treffen auf Städte, in denen Zivilgesellschaft, Politik und Verwaltung in den vergangenen Jahren überhaupt erst angefangen haben, sich mit der Lebensmittelversorgung auseinanderzusetzen. Oft ausgehend von der urbanen Landwirtschaft wurde begonnen, das Ernährungssystem als Ganzes und als kommunales Politikfeld zu betrachten. Welche Handlungsfelder, Lösungsansätze und neuen Fragestellungen ergeben sich dadurch für eine kommunale Ernährungspolitik?

Pandemiebedingte Verwerfungen in der Lebensmittelversorgung

Im Frühjahr 2020 gab es zwar leere Regale durch Hamsterkäufe und je nach aktueller Coronaverordnung immer wieder Schlangen vor Supermärkten, doch die Coronakrise hat die Funktionsfähigkeit unserer Lebensmittelversorgung nicht grundlegend eingeschränkt. Das Ernährungssystem war robust und flexibel genug, um auf den durch die Pandemie ausgelösten Stress zu reagieren, und konnte seine existenzielle Versorgungsfunktion ununterbrochen erfüllen. Dennoch dürfte für die meisten in Deutschland lebenden Menschen die Erfahrung neu gewesen sein, sich überhaupt Gedanken über das Funktionieren der Lebensmittelversorgung machen zu müssen.

Der Lebensmitteleinzelhandel war eine der wenigen Branchen, die durch die Pandemie wirtschaftlich sogar profitieren konnte: Durch das Wegfallen der Außer-Haus-Verpflegung, durch Homeoffice und geschlossene Schulen hatte der Einzelhandel deutliche Umsatzzuwächse (+ 11 Prozent zum Vorjahr[1]). Insgesamt scheinen die Menschen zu Hause höhere Qualitätsansprüche an Lebensmittel zu haben als sie das in der Außer-Haus-Verpflegung geboten bekommen. Discounter hatten 2020 ein unterdurchschnittliches Wachstum (+ 8,8 Prozent), der Absatz von Bio-Lebensmitteln ist hingegen um 22 Prozent gestiegen. Großer Gewinner innerhalb der Naturkostbranche waren Direktvermarkter.

Die Gastronomie hingegen ist eine der am längsten von Schließungen betroffenen Branchen. Die orange- und türkisfarbenen Rucksäcke der Lieferdienste haben das Stadtleben während der Pandemie geprägt. Dies könnte eine dauerhafte Verschiebung von Umsätzen

1   Vgl. Hielscher, Henryk (29.01.2021): „Lebensmittelhändler freuen sich über ‚das beste Jahr seit Menschengedenken'". In: Wirtschaftswoche. https://www.wiwo.de/26865642.html (letzter Zugriff: 30.03.2021)

aus den Restaurants heraus andeuten: Der Fast-Monopolist Lie-
ferando hat seinen Umsatz im ersten Halbjahr 2020 verdoppelt.
Neu-Mitbewerber Wolt hat den Corona-Push genutzt, um sein
Geschäftsgebiet von Berlin auf München und Frankfurt am Main
auszuweiten. Die Lieferdienste arbeiten mit aggressiven Marketing-
strategien, die Webseiten existierender Restaurants kopieren, oder
mit *Ghost Kitchens*, die nur noch virtuell als Restaurant vermarktet
werden: Beide Ansätze simulieren urbane Vielfalt und setzen sich in
Wettbewerb zur realen Vielfalt in der Stadt.

Auch im Lebensmitteleinzelhandel gab es einen Corona-Push für
Lieferdienste. Diese hatten in Deutschland in der Vergangenheit
einen schweren Stand und im Vergleich zu Großbritannien oder
den USA kaum Marktanteile: Bei immer noch guter Nahversorgung
und einer schwierigeren Liefersituation im Geschosswohnungsbau
ist der Gang zum Supermarkt komfortabler als das Abpassen der
Lebensmittellieferung. Die Pandemie könnte den Lieferdiensten
auch in deutschen Städten den Durchbruch verschafft haben. Der
2020 in Berlin gegründete Lieferdienst Gorilla hat nach 10 Monaten
bereits eine Milliarde Euro von Investoren eingesammelt. Im dritten
Quartal 2020 lagen die Umsätze aller Lebensmittellieferdienste um
52 Prozent über den Umsätzen des Vorjahreszeitraums.[2] Wie weit
die Verschiebung von Marktanteilen in Richtung Bio, Direktvermark-
tung und weg vom stationären Einzelhandel nach dem Ende der
Pandemie anhält, wird erst in Zukunft zu beobachten sein. Dass sich
das Konsumverhalten zum Teil nachhaltig geändert und so Verän-
derungsprozesse mit Auswirkungen auf unsere Städte beschleunigt
hat, ist aber wahrscheinlich.

Beobachten lässt sich auch, dass im Jahr 2020 die Lebensmittelpreise in Deutschland angezogen haben.[3] Sie erhöhten sich um
2,4 Prozent. Abgemildert wurden die Preissteigerungen in der zweiten Jahreshälfte durch die Mehrwertsteuersenkung. Vor allem Obst
(+ 7,1 Prozent) sowie Fisch- und Fleischwaren (+ 6,1 Prozent) sind
deutlich teurer geworden. Im ersten Lockdown war Obst und

2   Vgl. Lebensmittelpraxis (05.10.2020): „Umsatzsprung bei Lebensmitteln". https://
      lebensmittelpraxis.de/handel-aktuell/28655-e-commerce-umsatzsprung-bei-lebens
      mitteln-2020-10-05-08-58-09.html (letzter Zugriff: 30.03.21)
3   Vgl. AMI (14.01.2021): „Lebensmittel sind 2020 teurer geworden". https://www.ami-
      informiert.de/news-single-view?tx_aminews_singleview%5Baction%5D=show&tx_
      aminews_singleview%5Bcontroller%5D=News&tx_aminews_
      singleview%5Bnews%5D=23616&cHash=c3014d85ccae6d13f615837eba3dd67f (letzter
      Zugriff: 29.06.2021); dpa (19.01.2021): „Verbraucherpreise 2020: Energie war billiger,
      Lebensmittel wurden teurer". In: Wirtschaftswoche. https://www.wiwo.de/26830754.
      html (letzter Zugriff: 30.03.2021)

Gemüse zeitweise bis zu 10 Prozent teurer als im Vorjahr. Gründe waren unter anderem die durch die Grenzschließungen unter-brochenen Lieferketten und der Mangel an ausländischen Arbeits-kräften in der Landwirtschaft. Auch die Weltmarktpreise für Lebens-mittel sind 2020 angestiegen: Der FAO Food Price Index[4] ist auf dem höchsten Stand seit Jahren.

In der öffentlichen Diskussion wird viel über individuelle Risikofak-toren für eine Corona-Erkrankung gesprochen. Die Risikofaktoren für einen schweren Covid-19-Verlauf sind unter anderem Diabetes, Herz-Kreislauf-Erkrankungen und Übergewicht – mit falscher Er-nährung als einer wichtigen Ursache. Auf der anderen Seite hilft ein starkes Immunsystem bei der Abwehr von Krankheiten. Vor diesem Hintergrund haben Nahrungsergänzungsmittel einen regelrechten Boom erlebt. Der Umsatz von Vitamin C stieg im ersten Quartal 2020 um 94 Prozent gegenüber dem Vorjahresquartal.[5]

Ernährungsräte und lokale Food-Biotope

Der Eat-Lancet-Report[6] stellte bereits vor der Pandemie fest, dass Ernährungssysteme das Potenzial haben, die menschliche Gesund-heit und die nachhaltige Entwicklung zu unterstützen – aktuell aber beides bedrohen. Diese Schere zwischen positivem Potenzial und negativer Wirkung ist in der Pandemie nicht nur in Bezug auf die Gesundheit mehr als deutlich geworden. Auf der städtischen Ebene stellt sich die Frage, wie diese Widersprüche zugunsten einer nach-haltigen Stadtentwicklung aufgelöst werden können.

Für Kommunen schienen in der Vergangenheit die Ansätze zu feh-len, Ernährungspolitik auf der lokalen Ebene zu gestalten; heute sind es immer mehr die Kommunen, in denen Lösungen für ökologische und sozioökonomische Probleme des Ernährungssystems erdacht und umgesetzt werden. Der Milan Urban Food Policy Pact[7] und das

4   Vgl. FAO (o. D.): „FAO Food Price Index". http://www.fao.org/worldfoodsituation/
      foodpricesindex/en/ (letzter Zugriff: 03.04.2021)
5   Vgl. Hillienhof, Arne (25.08.2020): „Nahrungsergänzungsmittel immer beliebter".
      In: Ärzteblatt. https://www.aerzteblatt.de/nachrichten/115926/ (letzter Zugriff:
      03.04.2021)
6   Vgl. Willet, Walter u. a. (02.02.2019): „Food in the Anthropocene: the EAT–Lancet
      Commission on healthy diets from sustainable food systems". In: The Lancet
      Commissions. Bd. 393, Nr. 10170. S. 447–492
7   Der Mailänder Pakt für urbane Ernährungspolitik ist ein Abkommen zwischen Städten
      aus der ganzen Welt, die sich verpflichten, nachhaltige Ernährungssysteme zu
      entwickeln, die inklusiv, widerstandsfähig, sicher und vielfältig sind. Über 200 Städte
      haben ihn bereits unterzeichnet.

Food System Network der C40-Städte[8] zeugen von der Handlungs-
bereitschaft und -fähigkeit der Kommunen. Über Best-Practice-
Beispiele und Netzwerke wie diese beeinflussen sie mit ihren
Lösungsansätzen nationale und europäische Politik.

Die Betrachtung des Ernährungssystems im Gesamten, über Zu-
ständigkeiten und Grenzen von Fachdisziplinen hinweg, ist einer
der Schlüssel für die Gestaltung des Ernährungssystems auf kom-
munaler Ebene: Erst dadurch eröffnen sich Lösungsmöglichkeiten,
werden Synergien und Handlungschancen erkennbar. Kommunale
Ernährungspolitik zielt darauf ab, ein lokales Biotop der guten Ansätze zu kreieren. Typisch für die neuen kommunalen Ansätze ist
es, verschiedene Politikbereiche und -ziele zu integrieren, die direkt
oder indirekt mit dem Thema Ernährung verbunden sind. Ein inte-
grierter Ansatz hat das Potenzial, zur nachhaltigen Entwicklung bei-
zutragen, die regionale Wirtschaft zu stärken, mehr Beschäftigung
in der Lebensmittelwirtschaft zu generieren, das Umland der Städte
zu schützen, CO_2-Emissionen zu reduzieren und das Vertrauen in
das Ernährungssystem zu festigen. International haben sich Hand-
lungsprogramme zum Thema Ernährung (Ernährungsstrategien)
und eigene Institutionen (Ernährungsräte oder Food-Koordina-
tor*innen) als wirksame Mittel für diese Politik herausgestellt.

Im Folgenden sollen drei Themen besprochen werden, die in den
letzten Monaten besondere Relevanz erlangt haben: die Versorgungssicherheit, die sozialen Einflüsse auf die Lebensmittelversorgung und die Gesundheit der Stadtbevölkerung.

Versorgungssicherheit

Städte sind nur drei Mahlzeiten von der Anarchie entfernt, das be-
sagt eine englische Redewendung, deren Ursprung nicht ganz ge-
klärt ist. Eineinhalb Tage würden die Lebensmittelvorräte einer Stadt
halten, wenn die Versorgung von außen unterbrochen wird. Dann
würde Chaos ausbrechen. Für verwöhnte Verbraucher*innen (die
auch 10 Minuten vor Ladenschluss noch komplett gefüllte Regale

8   C40 ist ein Netzwerk der Megastädte der Welt, das sich der Bekämpfung des
     Klimawandels verschrieben hat. 97 Städte mit insgesamt mehr als 700 Millionen
     Einwohner*innen sind im Netzwerk aktiv. Das Food System Network unterstützt
     stadtweite Bemühungen zur Schaffung und Umsetzung einer integrierten
     Ernährungspolitik, die Treibhausgasemissionen reduziert, die Resilienz erhöht und die
     Gesundheit der Bevölkerung verbessert.

erwarten) waren die durch die Hamsterkäufe verursachten Dispositionsprobleme im Handel beeindruckend und beängstigend.

Den größeren Stress für die Lebensmittelversorgung führte ab April 2020 der politische Reflex herbei, die nationalen Grenzen zu schließen. Geschlossene Grenzen halten keinen Virus auf (besonders, wenn er im Land schon kursiert), stören aber den Fluss von Waren und Arbeitskräften. Beides hat sich in Deutschland in erhöhten Preisen niedergeschlagen. Besonders die Abhängigkeit der Landwirtschaft von osteuropäischen Hilfskräften ist überdeutlich geworden: Als im Frühjahr 2020 die Sorge aufkam, dass die regionalen Spargelernten auf den Feldern stehen bleiben könnten, wurden Erntehelfer*innen in zentral gesteuerten Aktionen aus Polen eingeflogen. Auch die prekären Arbeitsbedingungen in der Land- und Lebensmittelwirtschaft wurden während der Pandemie noch einmal sichtbarer. Während der Ernteeinsätze machten mehrere Covid-19-Ausbrüche in den Unterkünften Schlagzeilen. Die Infektionen von Arbeiter*innen in Schlachthöfen führten durch anschließende Betriebsstilllegungen zu starken Störungen in der arbeitsteiligen Produktion von Schweinefleisch und zum Lockdown ganzer Städte.

Die auf wirtschaftliche Effizienz hin optimierte Lebensmittelwirtschaft, die den Städter*innen in normalen Zeiten billige Lebensmittelpreise sichert, wirkte sich in der Pandemie plötzlich negativ auf die Lebensmittelversorgung aus. Ein Backup dieser Versorgungssysteme steht den Städten nicht wirklich zur Verfügung.

Die Resilienz von Ernährungssystemen (und Systemen im Allgemeinen) lässt sich durch folgende Indikatoren beschreiben: die Kapazität, Störungen standzuhalten, den Grad der Austauschbarkeit von Elementen, ihrer Flexibilität, Regenerationsgeschwindigkeit und Anpassungsfähigkeit.[9] Resilienz ist ein elementarer Bestandteil von Nachhaltigkeit: Ohne Widerstandskraft gegen kurzfristige Störungen gibt es keine langfristige Funktionsfähigkeit. Die Resilienz von Ernährungssystemen muss in der Diskussion um die zukünftige Agrar- und Ernährungspolitik einen größeren Stellenwert einnehmen – gerade im Angesicht der drohenden Klimakatastrophe.

Eines der großen Probleme des Ernährungssystems in Bezug auf die Resilienz ist die fehlende Vielfalt. Die Agrar- und Lebensmittelwirt-

9   Vgl. Tendall, D. M. u. a. (2015): „Food system resilience: Defining the concept". In: Global Food Security. Bd. 6, 10/2015. S. 17–23

Seit mehr als 130 Jahren werden im Mercado da Ribeira in Lissabon frische Lebensmittel verkauft. 2014 wurde der Westflügel neu gestaltet und um einen *Food Court* mit rund 30 Restaurants erweitert. Durch die Fenster des 2016 eröffneten Coworking Space im Galeriegeschoss lässt sich das Marktgeschehen beobachten. Foto: Iwan Baan

schaft ist, vom Acker bis in das Regal, vom Land bis in die Stadt, von Monokulturen und Fast-Monopolen geprägt: Neun Pflanzenarten machen 66 Prozent der globalen Agrarproduktion aus, acht Tierarten werden von der Fleischindustrie genutzt, die Genetik in der Fleisch- und Milchproduktion geht auf wenige Arten (und wenige Konzerne) zurück,[10] vier Firmen beherrschen den Welthandel mit Agrarrohstof- fen. Auch im städtischen Handel sieht das nicht besser aus: Im deut- schen Lebensmitteleinzelhandel vereinen die fünf größten Unter- nehmen knapp 76 Prozent Marktanteil auf sich.[11] Monokulturen und Monopole machen aber anfällig für Störungen. Gegen solche globa- len Strukturen ist die kommunale Ernährungspolitik auf den ersten Blick machtlos, auf den zweiten Blick braucht es als Ergänzung zur Erhöhung der Resilienz genau die kleinteiligen lokalen, regionalen Alternativen: Hier liegt die Stärke einer lokalen Ernährungspolitik.

Ein Ansatzpunkt für mehr Vielfalt und Redundanz ist die Förderung der ökologischen Landwirtschaft in der Region. Sie unterstützt die Biodiversität auf dem Acker, ermöglicht und erfordert vielfältigere Kulturen und ergänzt nationale, europäische und globale Waren- ströme. Städte können auf ihren eigenen Flächen Ökolandbau vor- schreiben, in der Gemeinschaftsverpflegung Bio einsetzen, regio- nale und lokale Handelsstrukturen fördern. Die Unterstützung von regionalen Lieferketten ist eine Alternative zu langen Lieferketten mit globalen Maßstäben und hochverarbeiteten Produkten. Kom- munen können über Beratung und Information die lokalen Akteure verbinden, deren Absatz in der (Gemeinschafts-)Gastronomie fördern und ihre Lebensmittel zur lokalen Marke machen. Mit dem Projekt Kantine Zukunft zeigt beispielsweise das Land Berlin, wie im Rahmen einer Ernährungsstrategie der Absatz von regionalen Bio- Lebensmitteln in der Gemeinschaftsgastronomie gefördert werden kann. Das Projekt unterstützt Kantinen und andere Einrichtungen mit intensiver Beratung bei der Weiterentwicklung des Angebots hin zu mindestens 60 Prozent Bio-Essen und mehr saisonalen Lebens- mitteln aus der Region. Im beitragsfreien Schulessen für Grund- schüler*innen ist ab August 2021 ein Bio-Anteil von 50 Prozent vorgeschrieben. Das Projekt *Wo kommt dein Essen her?* vermittelt zwischen Schulcaterern und regionalen Landwirtschaftsbetrieben und stellt Bildungsmaterialien zur Verfügung.

10   Vgl. FAO (2019): The State of the World's Biodiversity for Food and Agriculture. Hrsg. v.
        J. Bélanger; D. Pilling. FAO Commission on Genetic Resources for Food and Agriculture
        Assessments. Rom
11   Vgl. Deutscher Bauernverband (2020): Situationsbericht 2020/21. https://www.
        bauernverband.de/situationsbericht/1-landwirtschaft-und-gesamtwirtschaft-1/15-
        lebensmittelhandel-und-verbrauchertrends (letzter Zugriff: 30.03.2021)

Der Ausbau von kleinstrukturiertem unabhängigen Handel und handwerklicher Verarbeitung setzt der starken Konzentration der Konzerne in Handel und Industrie lokale Alternativen entgegen. Städte und Kommunen können diese resilienteren Strukturen unterstützen, indem sie sie von der oft blockierenden Bürokratie entlasten sowie die Berufe für Nachfolger*innen attraktiver machen, etwa durch bessere Ausbildungen und Imagekampagnen.

Zur Resilienz eines Systems gehört auch die wirtschaftliche Sicherheit der Akteure, sodass die ökonomische Situation in Krisenzeiten nicht zum Ausfall von Systembestandteilen führt. Eine sichere Lebensmittelversorgung erfordert somit ebenfalls, dass nicht nur einige wenige an ihr verdienen, sondern dass alle Beschäftigten (von der Landarbeit über das Handwerk bis zum Handel) auf einer robusten Basis arbeiten können. Dies müssen Kommunen bei ihren Maßnahmen im Hinterkopf behalten: Billige Lebensmittel haben neben gesundheitlichen und umweltschädlichen auch soziale Nebenwirkungen und schränken die Versorgungssicherheit ein.

Ernährungsarmut

In der Pandemie haben es einige der sozialen Probleme auf der Produzentenseite des Ernährungssystems in die Schlagzeilen geschafft – die sozialen Probleme in der Stadt auf Verbraucherseite eher weniger. Spätestens seit der Einführung von Hartz IV im Jahr 2005 vermuten Sozialwissenschaftler*innen materielle und soziale Deprivation im Bereich der Ernährung von Armutshaushalten. Die Größe des Problems ist aber für Deutschland weitgehend unerforscht. Der Wissenschaftliche Beirat des Bundesministeriums für Ernährung und Landwirtschaft kommt zu dem Ergebnis: „Auch in Deutschland gibt es armutsbedingte Mangelernährung und teils auch Hunger sowie eine eingeschränkte soziokulturelle Teilhabe im Bedürfnisfeld Ernährung."[12]

In der Krise werden diese sozialen Probleme verschärft. Es ist aus Sicht der Resilienz schwierig, wenn Mangelernährung oder die Abhängigkeit von wohltätigen Organisationen schon außerhalb von gesellschaftlichen Krisensituationen toleriert wird. Es fehlen die

---

[12]   WBAE – Wissenschaftlicher Beirat für Agrarpolitik, Ernährung und gesundheitlichen Verbraucherschutz beim BMEL (2020): Politik für eine nachhaltigere Ernährung: Eine integrierte Ernährungspolitik entwickeln und faire Ernährungsumgebungen gestalten. Gutachten. Berlin

Kapazitäten, um beispielsweise Preissteigerungen oder die ausge-
fallene Schul- und Kitaverpflegung abzupuffern.

Der erste und wichtigste Schritt auf der städtischen Ebene ist es, das Problem armutsbedingter Mangelernährung nicht mehr zu ignorieren. Die sozialen Aspekte der Lebensmittelversorgung auf Seite der Konsument*innen müssen deutlich stärker in den Fokus genommen werden. Alle müssen in die Lage versetzt werden, sich ausreichend mit guten Lebensmitteln zu versorgen.

Die sozialen Sicherungssysteme liegen nicht im Einflussbereich der Kommunen, trotzdem gibt es lokale Handlungsmöglichkeiten. Der oben genannte Wissenschaftliche Beirat fordert ein besonderes Augenmerk auf Kinder und Jugendliche in einkommensschwachen Haushalten, da (früh-)kindliche Belastungen besonders schädigend und prägend sind. Familie, Kita und Schule sind hier die entscheidenden Lebenswelten.[13] Städte können über die Kita- und Schulverpflegung Einfluss auf gesunde Ernährung nehmen. Zudem muss das Thema Ernährung fester Bestandteil der Bildungs- und Sozialarbeit sein und gehört in jede Quartiersentwicklung. Hier kann Ernährung auch Stärken jenseits der akuten Problembeseitigung ausspielen, denn Essen ist eine Erfahrung, die alle Kulturen, Religionen, alle Schichten und Milieus verbindet. Die Erfahrungen rund um Ernährung sind ein Mittel gegen die Auflösung sozialer Bindungen und Vereinzelung, für Gemeinsinn und Zusammenhalt.

Die gesunde Stadt

Die Öffentlichkeit hat sich (fast) daran gewöhnt, dass unser Verhalten und unsere persönlichen Freiheiten von Krankenzahlen und der Auslastung von Intensivbetten abhängen. Es ist schon seltsam, dass es in der großen Gesundheitskrise, in der sich die Welt aktuell befindet, kein Problem zu sein scheint, Menschen das Verlassen der Wohnung weitgehend zu verbieten, es aber niemand wagt, den Menschen zu raten, auf einen gesünderen Lebensstil zu achten – aus Angst vor Verbotsdiskussionen. Letztlich hängt die Zahl der Toten, schwer Erkrankten und damit auch die Einschränkung der Grundrechte sowie die Größe der wirtschaftlichen Schäden in der aktuellen Pandemie auch vom allgemeinen Gesundheitszustand der Bevölkerung ab. Und Ernährung ist hier einer der entscheidenden Faktoren.

13   Ebd.

Übergewichtig sind in Deutschland zwei Drittel der Männer (67 Prozent) und die Hälfte der Frauen (53 Prozent), ein Viertel der Erwachsenen ist adipös.[14] Das Risiko, an Covid-19 zu erkranken, liegt für Adipöse um 46 Prozent höher. Adipöse, die an Covid-19 erkranken, haben ein um 113 Prozent erhöhtes Risiko, ins Krankenhaus zu müssen, ein um 74 Prozent erhöhtes Risiko, auf die Intensivstation verlegt zu werden und ein um 48 Prozent erhöhtes Risiko zu sterben.[15] „Derzeit treffen zwei Pandemien aufeinander", kommentieren Mediziner*innen.[16]

Die Förderung gesunder Ernährung muss daher auch auf der städtischen Ebene an Bedeutung gewinnen. Neben der oben genannten Bildungs- und Sozialarbeit können Kommunen gesunde Ernährung bei Veranstaltungen, aber auch im Stadtraum zur einfachen und ersten Wahl machen. Es muss eine Umgebung geschaffen werden, in der gute Ernährung leichtfällt. Besonderer Bedeutung kommt hier der Gemeinschaftsgastronomie zu: Nicht nur, weil Kommunen in vielen Bereichen direkten Einfluss haben, sondern weil neben guter Verpflegung auch Impulse für das Essen zu Hause und in den Lebensmittelmarkt gesendet werden können.

Ernährungspolitik: kommunal statt global

Für Kommunen fehlte in der Vergangenheit scheinbar die Notwendigkeit, sich mit Ernährungspolitik zu beschäftigen: Die Bevölkerung war gut versorgt. Erst in den letzten Jahren haben sich Kommunen wieder mit der Lebensmittelversorgung auseinandergesetzt. Die Gründe lagen vor allem in individuellen und gesellschaftlichen Ansprüchen an Ernährung über eine Grundversorgung hinaus. Die neuen urbanen Ansprüche lagen vor der Pandemie vor allem im Bereich des Vertrauens in die Qualität der Versorgung, der Bedeutung von Umweltauswirkungen, der gesundheitlichen Folgen und Fairness in der Lieferkette. Die Erfahrung der Covid-19-Pandemie könnte das Hauptaugenmerk wieder auf die Grundfunktionen der

14 Vgl. RKI (o. D): „Übergewicht und Adipositas". https://www.rki.de/DE/Content/ Gesundheitsmonitoring/Themen/Uebergewicht_Adipositas/Uebergewicht_ Adipositas_node.html (letzter Zugriff: 30.03.2021)

15 Vgl. Popkin, Barry M. u. a. (2020): „Individuals with obesity and COVID-19: A global perspective on the epidemiology and biological relationships". In: Obesity Reviews. Bd. 21, Nr. 11

16 Hohmann-Jeddi, Christina (02.12.2020): „Zwei Pandemien prallen aufeinander". In: Pharmazeutische Zeitung. https://www.pharmazeutische-zeitung.de/122118/ (letzter Zugriff: 30.03.2021)

Lebensmittelversorgung lenken. Mit den oben beschriebenen Verwerfungen rücken die Leistungsfähigkeit und die soziale Gerechtigkeit des Ernährungssystems stärker in den Fokus. Die Resilienz
der Ernährungssysteme hat neue Beachtung gefunden. Die Klimakatastrophe und ihre prognostizierten Auswirkungen auf Landwirtschaft und extreme Wetterphänomene werden neben dauerhaften
Veränderungen auch häufigere Störungen verursachen. Für diese
Entwicklungen ist es nicht nur wichtig, eine Lebensmittelversorgung
aufzubauen, die ihren Beitrag zur Vermeidung der Klimakatastrophe
leistet, sondern ebenso eine, die im Sinne der Klimafolgenanpas-
sung mit solchen Störungen umgehen kann.

Vielfalt und regionale Strukturen sind die Komponenten, die dem
auf wirtschaftliche Effizienz getrimmten Ernährungssystem besonders fehlen. Gerade bei diesen Themen zeigt sich die Stärke der
kommunalen Ernährungspolitik: Dezentralität lässt sich nur schwer
zentral organisieren. Verbunden mit den sozialen und gesundheitlichen Fragen, die in vielen Punkten auch dezentral mitgestaltet
werden müssen, und den drängenden Problemen des Klimawandels
hat die Covid-19-Pandemie die Notwendigkeit der kommunalen
Ernährungspolitik noch einmal unterstrichen. Der Städtebau muss
urbane Landwirtschaft, Lebensmittelhandwerk und -handel als
wesentliche Elemente einer nachhaltigen Infrastruktur begreifen.
Stadtentwicklungskonzepte stehen vor der Aufgabe, die Ernährung
neben angestammten Themen wie Wohnen oder Mobilität in Ziele
und Maßnahmen zu integrieren. Dabei gilt es nicht nur, Schwächen
des Ernährungssystems zu beheben und Schäden zu minimieren,
sondern dessen Potenziale für die Stadtentwicklung zu nutzen.

Notstands-urbanismus

Los Angeles und der strukturelle Rassismus in der Stadtpolitik

Los Angeles steht vor einer der größten Massenvertreibungen in der Geschichte Kaliforniens. Wenn die während der Covid-19-Pandemie geschlossenen Räumungsgerichte wieder öffnen, droht fast einer halben Million Mieterhaushalten, vor allem in Schwarzen- und Latino-Neighbourhoods, der Rauswurf durch Zwangsräumungen.[1] In Absprachen mit Hauseigentümern und Banklobbyisten wurde der Mieterschutz durch den kalifornischen Gesetzgeber so gefasst, dass zwar einige Räumungen aufgeschoben, aber gleichzeitig die Mieter*innen in einem Zustand ständiger Ungewissheit gelassen werden. Deklariert als „Schutzmaßnahmen" werden Mietrückstände in Schulden umgewandelt: Letztendlich ist es ein kaltschnäuziger Trick, der die zuständigen Gerichte, vor denen bereits geringfügige Mietnachforderungen verhandelt werden, zu einem weiteren Schauplatz der Gewalt gegen farbige Angehörige der Arbeiterklasse macht. Los Angeles ist das Paradigma, nicht die Ausnahme.

Ich schreibe aus Los Angeles, bin also vor Ort, wenn ich das gegenwärtige Geschehen „Notstandsurbanismus" nenne. Was den andauernden Ausnahmezustand aufrechterhält, ist der globale *Racial Capitalism*, in dem der postkoloniale Staat den Notstand unter dem Vorzeichen der „öffentlichen Gesundheit" ausruft. Die Covid-19-Pandemie mit ihren diskriminierenden Statistiken der Infektions-

1   Siehe Bericht des UCLA Luskin Institute on Inequality and Democracy: Blasi, Gari (28.05.2020): „UD Day: Impending Evictions and Homelessness in Los Angeles". https://challengeinequality.luskin.ucla.edu/2020/05/28/ud-day-report/ (letzter Zugriff: 24.06.2021)

und Todeszahlen macht die Verzichtbarkeit der Leben von *People of*
Color sichtbar; sie ist nur eine der tödlichen Bedrohungen, die offen-
sichtlichste Manifestation des Notstands im öffentlichen Gesund-
heitswesen. Doch Covid-19 steht im Zusammenhang mit noch ganz
anderen Bedrohungen des Lebens. Patrisse Cullors, Mitbegründer
von *Black Lives Matter*, erklärt es so: „Das Leben von uns Schwarzen steht täglich auf dem Spiel, da wir hier im Land wie auf der ganzen Welt systematisch bedroht werden, was letztlich eine Frage von
Leben und Tod ist."[2]

Los Angeles kennt den Ausnahmezustand schon lange. Wie in anderen Städten der USA sind auch hier ganze Bevölkerungsgruppen
einem *Racial Banishment* unterworfen: Sie werden vertrieben und
vom städtischen Leben ausgeschlossen.[3] Dabei handelt es sich
nicht einfach um die übliche Vertreibung durch die Gesetze des
Marktes, also um Gentrifizierung oder Räumung, sondern um den
erzwungenen Umzug von *People of Color*. Dieses Vorgehen ist
staatlich organisierte Gewalt, Teil einer institutionalisierten rassistischen Politik mittels gerichtlicher Verfügungen, der Verfolgung
wegen Erregung öffentlichen Ärgernisses und der Überwachung
von Treffpunkten.[4] Sie findet unter der Maxime „freie Nutzung von
Eigentum" statt, durch den die Polizei des Bundesstaates den „ungestörten Genuss von Leben und Eigentum" gewährleistet. Diese
Art von Polizeiarbeit ermöglicht Enteignungen und die Entwicklung
eines „Siedler-Urbanismus".

Der Aufstand von *Black Lives Matter* bemüht sich darum, diese ras-
sistische Polizeiarbeit, die Menschen das Leben aberkennt, unmöglich zu machen. So finden aktuell parallel zu den Straßenaufständen
soziale und räumliche Neuaushandlungen des städtischen Lebens
statt. Insbesondere die Frage des Eigentums ist zum Schlachtfeld
des Notstandsurbanismus geworden, der Rebellion gegen den
globalen *Racial Capitalism* und seine Protokolle von Mietzins und
Schulden. Heute stellt sich die Frage, ob solche Notstände nicht zu
einer radikalen Umgestaltung der Beziehungen zwischen staatlicher
Gewalt, Leben und Eigentum führen sollten, dem zentralen Thema
der liberalen Demokratie Amerikas.

2   Smith, Jamil (20.07.2015): „Black Lives Matter Co-Founder: ‚We are in a State of
     Emergency'". In: The New Republic. https://newrepublic.com/article/122334/
     blacklivesmatter-co-founder-we-are-state-emergency (letzter Zugriff: 19.08.2021)
3   Vgl. Roy, Ananya (2017): „Dis/possessive Collectivism: Property and Personhood at
     City's End". In: Geoforum. 80/2017
4   Vgl. Roy, Ananya; Graziani, Terra; Stephens, Pamela (2020): „Unhousing the Poor:
     Interlocking Regimes of Racialized Policing". In: White Paper for the Square One
     Project. Columbia University

WHAT IT TAKES TO MAKE A HOME

What It Takes to Make a Home, 2019, 29 Minuten, Canada, Digitalfilm, beauftragt von Giovanna Borasi, Regisseur: Daniel Schwartz, Produktion: Canadian Centre for Architecture

Am 1. Mai 2020, inmitten des gespenstisch ruhigen Lockdowns, haben Aktivisten der *Street Watch LA* eine Suite im Ritz-Carlton im Zentrum von Los Angeles besetzt. Ihr prominenter Vertreter, Davon Brown, einer der beinahe 70.000 obdachlosen Bewohner von Los Angeles, hatte bis dato in einem Zelt im Echo Park Lake, einem öffentlichen Park (und Schauplatz erbitterter Auseinandersetzungen um Zeltunterkünfte von Obdachlosen) gelebt. Brown, der in den nationalen Medien als „Lady Gagas Ex-Model" bezeichnet wird, verkörpert den Notstand, bei dem es um Leben oder Tod geht – und das ist die Obdachlosigkeit in den USA –, auf exemplarische Weise. *Homeless People* haben eine durchschnittliche Lebenserwartung, die es mit den *Failed States* des globalen Südens aufnehmen kann: 48 Jahre für eine obdachlose Frau, 51 Jahre für einen obdachlosen Mann. Unter den obdachlosen *Angelenos* sind überproportional viele *People of Color*, sie werden streng überwacht und sind häufig Gegenstand einer unbarmherzigen Kriminalisierung in den *Business Improvement Districts*. Während Städte wie Los Angeles Verordnungen erlassen wie *Safer at Home*, um Leben während der Covid-19-Pandemie zu schützen, werden die Obdachlosen gar nicht bemerkt und von staatlichem wie sozialem Schutz ausgeschlossen.

Die Ritz-Carlton-Besetzung, die Teil einer Kampagne der Mieterschutzverbände unter dem Slogan „Kein Leerstand!" im Bundesstaat Kalifornien war, lenkte die Aufmerksamkeit auf eine andere Dimension des Notstands: die Beziehung zwischen Staatsmacht und Privatbesitz. Die Aktivisten, ernüchtert vom langsamen Fortschreiten des *Project Roomkey* (ein Programm, das leerstehende Hotel- und Motel-Räume als Notunterkünfte für Obdachlose anbietet), forderten die Hotels auf, ihren Verpflichtungen nachzukommen. Sie konzentrierten sich auf „subventionierte" Hotels, die wie das Ritz-Carlton von Steuernachlässen profitiert hatten, von Grundstückszusammenlegungen und von manch anderen *Geobribes*, um einen treffenden Ausdruck von Neil Smith zu verwenden.[5] Darunter versteht er Subventionen lokaler Verwaltungen für Immobilieninvestoren, um die Stadtentwicklung anzustoßen. In Downtown L.A. wurden zwischen 2005 und 2018 die staatlichen Subventionen für die Entwicklung von Luxushotels auf eine Milliarde US-Dollar erhöht. Wenn Mieterinitiativen Hotels auffordern, Obdachlose aufzunehmen, suchen sie eine Wiedergutmachung für derartige Ausgaben, die aus Steuergeldern fließen.

5   Vgl. Smith, Neil (2002): „New Globalism, New Urbanism: Gentrification as Global Urban Strategy". In: Antipode. Bd. 34, Nr. 3

Commandeering, die gewaltsame Verfügung des Staates über
privates Eigentum für das Gemeinwohl, ist nicht nur eine politische
Forderung. Bereits zu Beginn des Covid-19-Shutdowns hat die
Anwaltskanzlei Munger, Tolles & Olson LLP ein Papier verfasst, in
dem klargemacht wird, dass der Bürgermeister von Los Angeles
„weitreichende Kompetenz" hat, Eigentum, inklusive Hotelräume,
zur Verfügung zu stellen, um „die öffentliche Gesundheit bei einem
ausgerufenen Notfall zu schützen [...] ohne eine vorherige An-
kündigung oder Kompensation" – solange „im Wiederaufschwung
eine natürliche Kompensation" stattfindet. Einige Tage später kam
der Bezirksstaatsanwalt von San Francisco zu einer ähnlichen juristischen Bewertung. Während bis heute keine Exekutive die ihr
zur Verfügung stehende Macht ausgeübt hat, geistern juristische
Auslegungen herum, die irgendwann die etablierten Beziehungen
zwischen Staatsmacht und Eigentumsrechten auseinanderbrechen
lassen könnten.

Der Notstand, der in diesen juristischen Schriften anerkannt wird, ist
nicht die Lebensbedrohung durch den globalen *Racial Capitalism*.
Der aktuelle Notstand ist die Gefährdung der öffentlichen Gesundheit, einer Königsdisziplin von Regierungen: Die Beziehungen zwischen gesellschaftlichen Klassen und ethnischen Gruppen werden
durch den Umgang mit Krankheiten geregelt. Schon die Wurzeln
moderner Stadtplanung liegen im Versuch, die Ausbreitung von
Seuchen wie Cholera durch räumliche Trennung und soziale Ausgrenzung einzudämmen.[6] Diese Praktiken, die in kolonialen Zu-
sammenhängen perfektioniert wurden, um eine „hygienische Stadt"
zu entwickeln (die die indigene Bevölkerung einsperrte und in Quarantäne schickte[7]), haben im „postkolonialen Staat"[8] überlebt. Eine
koloniale Herrschaftslogik, die auf Regeln der Unterordnung beruht,
breitet sich im und durch den postkolonialen Staat aus. Man erkennt
dies daran, wie Krankheit unter rassistischen Gesichtspunkten behandelt und der Raum kontrolliert wird.

6   Dies haben Wissenschaftler*innen wie Paul Rabinow und Susan Craddock in ihren
     Arbeiten gezeigt: Craddock, Susan (2000): City of Plagues: Disease, Poverty, and
     Deviance in San Francisco. University of Minnesota Press: Minneapolis; Rabinow, Paul
     (1989): French Modern: Norms and Forms of the Social Environment. Chicago
7   Vgl. McFarlane, Colin (2008): „Governing the Contaminated City: Infrastructure and
     Sanitation in Colonial and Post-colonial Bombay". In: International Journal of Urban and
     Regional Research. Bd. 32, Nr. 2
8   Indem ich mich auf die Arbeit von Saidiya Hartman zu einem „Weiterleben der
     Sklaverei nach ihrer Abschaffung" beziehe, begreife ich den Post-Kolonialismus als
     das Weiterleben des Kolonialismus nach der Abschaffung desselben, weniger als eine
     Phase nach dem Kolonialismus. Vgl. Hartman, Saidiya (2007): Lose Your Mother: A
     Journey along the Atlantic Slave Route. New York

LOS ANGELES USA

MICHAEL MCCARTHY
Welder

But it's always about loss.

Unterbricht oder konsolidiert der derzeitige Notstand der öffentlichen Gesundheit diese Herrschaftslogik? Als am 1. September 2020 die für Räumungsklagen zuständigen Gerichte in Staaten wie Kalifornien wieder öffneten, kündeten die Centers for Disease Control and Prevention (CDC) ein landesweites Moratorium für Räumungen an. Dieses Moratorium trat an die Stelle von Maßnahmen, die nicht einmal Mindestschutz gewähren. CDC stellt diejenigen unter Strafe, die das Moratorium verletzen. Wenn das Moratorium Bestand hat, würde das – zumindest während des Ausnahmezustands – bedeuten, dass die Polizei für den Schutz des menschlichen Lebens und nicht für den Schutz des Eigentums arbeiten würde. So ein Räumungsstopp könnte wie ein Spuk nachklingen, wenn der Notstand vorüber ist, und einer Rebellion den Boden bereiten.

Ein wesentlicher Grund für einen Aufstand könnte das sein, was die Wissenschaftlerin und Schriftstellerin Saidiya Hartman „Widerständigkeit" nennt. In Wayward Lives, Beautiful Experiments, einem der wichtigsten Bücher unserer Zeit, beschreibt sie den langen Handlungsbogen für die Freiheit der Schwarzen, hauptsächlich für junge schwarze Frauen, die „durch offene Rebellion darum kämpften, sich ein schönes und autonomes Leben zu schaffen".[9] Auch Salwa Ismail argumentiert in dieselbe Richtung, wenn sie sagt, dass hinter den spektakulären Besetzungen der großen Plätze im Arabischen Frühling die fortwährende Notlage stand, ausgelöst durch Verarmung, prekäre Wohnverhältnisse und intensive polizeiliche Überwachung. Unterdrückung und leidvolle Erfahrungen formierten sich in informellen Bezirken von Städten wie Kairo, „in den Mikroprozessen des Alltagslebens", und schufen so „oppositionelle Charaktere" und „Infrastrukturen des Protests".[10]

Gleiche Ursachen haben auch dem Aufstand in Los Angeles den Boden bereitet. People's City Council LA und People's Budget LA mit ihren sich herausbildenden Strukturen der Volkssouveränität fordern, nicht länger die Polizei zu finanzieren, sondern ein „Budget, das auf Humanität ausgerichtet ist". Koalitionen von Initiativen für Rassen- und Mietergerechtigkeit sind in langwierigen Auseinandersetzungen über Sanierung, Gentrifizierung und Polizeigewalt entstanden und stellen nun eine mächtige Herausforderung dar für das Meistern der Krise.

9   Hartman, Saidiya (2019): Wayward Lives, Beautiful Experiments: Intimate Histories of Social Upheaval. New York
10   Ismail, Salwa (2013): „Urban Subalterns in the Arab Revolutions: Cairo and Damascus in Comparative Perspective". In: Comparative Studies in Society and History. Bd. 55, Nr. 4

Eine andere beliebte Vorgehensweise ist die Anwendung des Enteignungsrechts und der Einsatz der Polizei des Bundesstaates, um Privateigentum für den öffentlichen Gebrauch zu enteignen. In El Sereno, einem Stadtteil im Osten von Los Angeles, hat die Gruppe Reclaiming Our Homes leerstehende Häuser besetzt, die von der Caltrans (den kalifornischen Verkehrsbetrieben) für eine Autobahn erworben wurden, die letztendlich nie gebaut wurde. Die Redaktion der Los Angeles Times kommentierte eine derartige Nutzung von Eigentum während der Covid-19-Pandemie wie folgt: „Der Bundesstaat kann es nicht zulassen, dass seine eigenen leerstehenden Häuser oder anderes öffentliche Eigentum ungenutzt bleiben und das Wohnen und die öffentliche Gesundheit im Ausnahmezustand zusammenbricht." Und weiter heißt es: „Sind die Rückforderer dabei, das Gesetz zu brechen? Natürlich. Sie betreten gerade unerlaubt staatseigenes Land und, was wesentlich ist, erklären öffentliches Eigentum zu ihrem eigenen."

Bewegungen, die sich Mietergerechtigkeit auf ihre Fahnen geschrieben haben, verweigern solche Konstruktionen von „illegalen Besetzungen". Sie fragen stattdessen: „Was soll das für ein staatseigenes/gestohlenes Land sein, auf dem Obdachlose nicht erlaubt sind? Wie lautet das Gesetz des postkolonialen Staats, das die Rechte der Besiedelung bestätigt und die Rechtlosigkeit der Enteigneten verstärkt?" Organisierter Diebstahl ist legitimiert worden durch die Gesetze der Marktwirtschaft, die die gewaltsame Umsiedlung von *Persons of Color* als Wertsteigerungen in gentrifizierten Bezirken maskiert. Nicht wiedererkennbare Enteignung ist der verlängerte Ausnahmezustand, und das ist *Racial Capitalism*.

Wenn Eigentum das Schlachtfeld des Notstandsurbanismus ist, dann findet der Aufstand vielleicht am deutlichsten in dem politischen Widerstand gegen Entmietung statt. Tracey Jeanne Rosenthal, Organisatorin der „Gewerkschaft" der Los Angeles Tenants, schreibt, dass die meisten Mietersatzzahlungen „Durchgangsstationen für Geld sind, das in die Taschen der Landeigentümer wandert". Im Gegensatz dazu würde „die Räumung die Protokolle der Machtbeziehungen neu schreiben". Dann ist ein Mieterstreik mehr als ein Zurückhalten von Miete. Er ist eine politische Forderung nach dem Schutz des Lebens, der über dem Schutz des Eigentums steht.

Während Dennis Block, der berüchtigte „Räumungsanwalt" von L.A., argumentiert, dass ein Räumungsmoratorium „legalen Diebstahl" an den Grundbesitzer*innen bedeutet, sanktioniert durch die Staats-

gewalt, antwortet die Los Angeles Tenants Union, dass Miete zu verlangen selbst Diebstahl sei. Die Mietervertretung beruft sich auf den lebensbedrohlichen Notfall, für den Wohnen das „einzige Heilmittel" sei. In diesem Spannungsfeld ist der Notstandsurbanismus zu verstehen. Die Krisen- und Ausbruchsszenarien sind eine offene Rebellion gegen den Begriff des Eigentums, wie er sich im Nachleben von Kolonialismus und Sklaverei etabliert hat.

Das englische Original dieses Textes ist ein Beitrag der Autorin zum Symposium Crisis Cities, das 2020 von Public Books und NYU Cities Collaborative organisiert wurde: https://www.publicbooks.org/ emergency-urbanism/#fn-39563-4 (letzter Zugriff: 23.08.2021)

Anke Butscher, Bárbara Calderón Gómez-Tejedor,
Doris Kleilein und Friederike Meyer

Gemeinwohl-Ökonomie in Kommunen

Ein Gespräch über neue Werte in der Stadtentwicklung

Die Gemeinwohl-Ökonomie-Bewegung nahm 2010 ihren Anfang
in Wien. Sie setzt sich auf gesellschaftlicher, politischer und wirtschaftlicher Ebene für ein sozial-ökologisch nachhaltiges und
demokratisches Wirtschaftssystem ein und verfolgt dabei einen
ganzheitlichen und werteorientierten Ansatz.[1] Anke Butscher
und Bárbara Calderón Gómez-Tejedor sind Vertreterinnen dieser Bewegung. In Deutschland und Spanien beraten und be-
gleiten sie Unternehmen, Kommunen und Organisationen bei
Bilanzierungsprozessen.

Frau Butscher und Frau Calderón Gómez-Tejedor, die Gemeinwohl-Ökonomie ist seit den 1990er-Jahren immer wieder als
alternatives Wirtschaftsmodell im Gespräch. Was verstehen
Sie darunter?

[1] Laut Angaben des Gemeinwohl-Ökonomie Deutschland e.V. basiert die Gemeinwohl-
Ökonomie-Bewegung auf den Ideen des österreichischen Publizisten Christian
Felber. Weltweit haben sich inzwischen rund 11.000 Unterstützer*innen der Bewegung
angeschlossen. Darunter sind etwa 5000 Aktive in 200 Regionalgruppen, 800
Unternehmen und andere Organisationen sowie mehr als 60 Gemeinden und Städte
und 200 Hochschulen. Der Internationale GWÖ-Verband hat seit 2018 seinen Sitz in
Hamburg.

Anke Butscher: Die Gemeinwohl-Ökonomie ist eine soziale Bewegung. Aus Sicht der Gemeinwohl-Ökonomie sollte sich wirtschaftlicher Erfolg nicht am reinen Finanzergebnis oder der Bilanzsumme bemessen, sondern am Beitrag einer Organisation zum Gemeinwohl. Im Fokus stehen somit Wirtschaftsweisen, die Menschen und Natur, nicht Wachstum und Profit in den Mittelpunkt rücken. Dabei beruft sich die Bewegung auch auf die Verankerung des Gemeinwohls im Grundgesetz Artikel 1 als oberstes Ziel des Wirtschaftens. Für mich persönlich bedeutet Gemeinwohl-Ökonomie einen wertebasierten Blick auf Nachhaltigkeit, die ja vielfach mit rein ökologischen Themen in Verbindung gebracht wird und nicht mit allen Dimensionen. Zudem denke ich, dass Menschen über Werte besser erreicht und angesprochen werden können als über den sehr dehnbaren Begriff der Nachhaltigkeit.

Bárbara Calderón Gómez-Tejedor: Ich stimme dem zu. Die Gemeinwohl-Ökonomie achtet Rechte wie Menschenwürde, Solidarität, Teilhabe und Transparenz und respektiert die Natur gleichermaßen. Sie beteiligt die Menschen an der Durchsetzung dieser Rechte und trägt damit zu deren Autonomie bei. In diesem Sinne ist die aktive Zusammenarbeit der Bürger*innen beim Aufbau einer integrativen und partizipativen öffentlichen Politik das Ziel. Entscheidungen zum Beispiel von Kommunalverwaltungen werden in Reaktion auf die Bedürfnisse der Menschen getroffen, die entweder durch öffentliche Konsultation oder durch Initiativen kommuniziert werden.

Wie ist dieser grundlegende Ansatz mess- und auf verschiedene Bereiche der Gesellschaft übertragbar?

AB: Das Kerninstrument besteht in der Gemeinwohlbilanz. Sie soll den Beitrag einer Organisation zum Gemeinwohl sichtbar und bewertbar machen und dient gleichzeitig der ethischen Organisationsentwicklung. Die Bilanzierung kann sowohl von privatwirtschaftlichen Unternehmen als auch von Organisationen, zum Beispiel von Kommunen oder Bildungseinrichtungen, vollzogen werden. Perspektivisch wirbt die Gemeinwohl-Ökonomie für eine verbindliche und an Rechtsfolgen gekoppelte Gemeinwohlbilanzierung, etwa in Form von Steuervergünstigungen, von der Bevorzugung bei der öffentlichen Auftragsvergabe oder günstigeren Kreditkonditionen. Dadurch erhofft sich die Bewegung eine Hebelwirkung für eine Wirtschaftspolitik, die gemeinwohlorientierte Organisationen und nachhaltiges Wirtschaften konsequent fördert.

Frau Butscher, Sie beraten unter anderem Kommunen in Deutschland bei der Bilanzierung. Bordelum, Breklum und Klixbüll in Nordfriesland gehörten zu den Ersten, die eine Gemeinwohlbilanz erstellt haben. Warum gerade sie?

AB: Die norddeutschen Kommunen haben sich bilanzieren lassen, weil Akteure der Gemeinwohl-Ökonomie in dieser Region sehr aktiv auf die Kommunen zugegangen sind und diese den Ball aufgegriffen haben. Die Bilanzierung der drei Kommunen hat stark in die Region hineingewirkt. Der Kreis Nordfriesland hat die Nachhaltigkeit als strategisches Ziel und die Gemeinwohl-Ökonomie politisch für den Kreis beschlossen. Ich denke, dass der regionale Ansatz sehr wichtig ist, da nur im Zusammenspiel relevante Themen, wie nachhaltige Mobilität, Versorgung der Menschen mit Basisangeboten wie zum Beispiel Schwimmbädern, gemeinsam umgesetzt werden können.

Wie kann man sich eine solche Bilanzierung konkret vorstellen?

AB: Eine Kommune ist die dem Menschen am nächsten stehende öffentlich-rechtliche Gebietskörperschaft in einem Staatsgebilde. Als solche ist sie nach dem Grundgesetz dem Gemeinwohl verpflichtet. Kommunen sind sowohl wirtschaftliche Akteurinnen als auch Gestalterinnen des normativen Rahmens und des Sozialraums. Hier fließen die Bedürfnisse und das Potenzial von Bürger*innen, Unternehmen und Organisationen zusammen. Zudem tragen sie Verantwortung für die Sicherung der sozialen und ökologischen Lebensqualität und der Daseinsvorsorge. Auf Basis von diesem Verständnis einer Kommune analysiere und bewerte ich mit Vertreter*innen der Verwaltung und mit politischen Mandatsträger*innen die wirtschaftliche und die Verwaltungspraxis. Wir schauen uns vor allem an, wie gut sie Rahmenbedingungen für das Gemeinwohl setzen und die Gesellschaft mit einbeziehen. Ich frage danach, welche Entscheidungskriterien zugrunde gelegt werden und ob diese wirklich dem Gemeinwohl – auch über die Grenzen der Kommune hinaus – dienen, oder ob „Sachzwänge" oder Kriterien der Wirtschaftlichkeit im Vordergrund stehen.

Wie läuft die Bilanzierung praktisch ab?

AB: Die Bilanzierung findet in Workshops statt. Im ersten Schritt haben die Vertreter*innen der Kommune die Möglichkeit, sich grundsätzlich zu den Themenfeldern zu äußern. Sie analysieren zum Beispiel ihre Beschaffungspraxis nach ethischen Kriterien und

übernehmen Verantwortung für die vorgelagerte Wertschöpfungs-
kette. Sie betrachten ihr Finanzmanagement und fragen nach einem
nachhaltigen Einsatz ihrer finanziellen Ressourcen. Im Umgang
mit Mitarbeiter*innen, Mandatsträger*innen sowie koordinierten
Ehrenamtlichen werden Werte wie die Rechte auf Unversehrtheit,
freie Entfaltung der Persönlichkeit und Gleichberechtigung zugrunde gelegt. Die Kommune setzt sich mit der Beziehung zu ihren
Bürger*innen auseinander und hinterfragt, ob ihre Dienstleistungen
an sozialen und ökologischen Kriterien ausgerichtet sind. Sie beschäftigt sich nicht zuletzt damit, ob ihre Aktivitäten Sinn für das
gesellschaftliche Umfeld stiften: in den Nachbargemeinden, in der
Region, im Land und Staat sowie für zukünftige Generationen.

Im zweiten Schritt richtet die Kommune den Blick darauf, was sie
schon konkret in diesem Themenfeld leistet. Jede Kommune hat
einen anderen Kanon für Entscheidungen und bewertet ihre Maßnahmen anders. Die Kommunen Klixbüll in Schleswig-Holstein und
Kirchanschöring in Bayern zum Beispiel prüfen ihre Gemeinderats-
beschlüsse in Hinblick darauf, ob sie die Kriterien der Gemeinwohl-
Ökonomie erfüllen. Diese Art der Orientierung an Werten wirkt sich
auf den Haushalt aus und damit auf bestimmte Schwerpunkte. Die
Kommune Willebadessen in Nordrhein-Westfalen wiederum prüft
alle Ausgaben nach der Wirkung auf Jugend und Kinder.

Im dritten Schritt überlegt die Kommune, an welcher Zielsetzung sie
sich zu diesem Thema perspektivisch messen möchte und welche
Maßnahmen dazu umgesetzt werden könnten. Damit startet sie
einen Lernprozess, steigert die „Gemeinwohlmotivation" aller Beteiligten, die für die Kommune hauptamtlich und ehrenamtlich tätig
sind, und schafft einen Kompass für die zukünftige Strategie. Am
Ende steht ein Bericht, der darstellt, welche Haltung die Kommune
in den einzelnen Werten lebt, wie sie diese in der Praxis umsetzt, wie
sie sich dahingehend bewertet und welche Verbesserungspoten-
ziale sie sieht und realisieren möchte. Idealerweise begleite ich die
Kommune nach der Bilanzierung weiter.

In den Workshops kommen sicherlich auch vorhandene Denk-
muster in den Kommunen auf den Prüfstand. Was beobachten
Sie da?

AB: Wir sprechen zum Beispiel über die Konkurrenz zwischen den
Kommunen und den Regionen und das Silodenken, also das rein
fachliche Bereichsdenken, oder über die Angst vor den Bürger*in-

nen und deren Ansprüchen an Partizipation. Wir stellen fest, dass es viele gute Beschlüsse gibt und dass es oft an der Umsetzung hapert. Schließlich geht es darum, inwiefern sich die Kommunen als wichtige Akteurinnen einer sozial-ökologischen Transformation verstehen.

Welche Wünsche und Probleme begegnen Ihnen in den Kommunen, mit denen Sie arbeiten?

AB: In den letzten Jahren wurden immer mehr hoheitliche Aufgaben auf Kommunen übertragen. Gleichwohl sind nicht entsprechend mehr Stellen in der Verwaltung geschaffen, sondern eher abgebaut worden. In ländlichen Regionen haben die Kommunen zudem die Schwierigkeit, aufgrund des Fachkräftemangels Mitarbeiter*innen zu gewinnen. Häufig bleiben Stellen für längere Zeit unbesetzt. Die Verwaltung hat derart viele Aufgaben, dass sie nicht immer begeistert ist, wenn wieder ein neues Thema Arbeitskapazitäten bindet. Zugleich gibt es Beharrungstendenzen und eine gewisse Unlust von gewohnten und eingespielten Abläufen abzuweichen. Außerdem fehlen Kompetenzen in Bezug auf Nachhaltigkeit, zum Beispiel bei der nachhaltigen öffentlichen Beschaffung. Vergabeverfahren müssen rechtliche Voraussetzungen erfüllen, da gibt es eingespielte Abläufe. Die Implementierung von ökologischen und sozialen Kriterien bei Produkten und Produktgruppen ist mittlerweile rechtlich möglich, aber häufig fehlt das Wissen um entsprechende Gütesiegel oder Kriterienkataloge.

Die Verwaltung ist in der kommunalen Selbstverwaltung eher ausführendes Organ. Bei Entscheidungen über gemeinsame Werte und Nachhaltigkeitskriterien müssen die politischen Mandatsträger*innen eher parteiübergreifend zustimmen. Dies stellt sich leider häufig als schwierig heraus. Es gibt aber viele Mitarbeiter*innen in der Verwaltung, die intrinsisch motiviert sind, Nachhaltigkeit und Werte in ihren Kompetenzfeldern soweit wie möglich umsetzen. Sie fühlen sich durch unsere Arbeit unterstützt. Kommunales Handeln gleicht einem Flickenteppich aus Themen, Maßnahmenplänen und Beschlüssen. Die Gemeinwohl-Ökonomie bietet ein Dach und kann eine strategische Ausrichtung der Kommune in Gang setzten. Dies wird von vielen Mitarbeiter*innen gewünscht.

Verändert die Covid-19-Pandemie das Denken und Handeln in
den Kommunen?

AB: Viele Kommunen sind derzeit mit der Umsetzung der sich ständig ändernden Infektionsschutz-Bestimmungen und mit der Umstellung auf digitale Prozesse beschäftigt. Darauf waren sie nicht vorbereitet. Ich denke, damit wird sich aber das Verständnis des Handelns verändern. Verwaltung ist doch eher hierarchisch organisiert, dies bricht auf, der Zwang zur Kontrolle fällt weg. Zudem werden die Steuereinnahmen absehbar sinken und damit die Haushalte der Kommunen. Sie werden neu über Kriterien zur Verteilung der Mittel entscheiden müssen. Gleichwohl stellen sich immer mehr Kommunen die Frage, wie sie künftigen Herausforderungen besser begegnen können. Hier gibt die Gemeinwohl-Ökonomie Antworten.

Wodurch wächst die Bewegung derzeit?

AB: Es engagieren sich immer mehr Privatpersonen bei der Gemeinwohl-Ökonomie, die sehen, dass eine sozial-ökologische Transformation dringend notwendig ist. Viele dieser Menschen sind auch in ihren Kommunen engagiert, entweder in Parteien, Initiativen oder Vereinen, und bringen das Gemeinwohl auf die politische Agenda. Auch Verwaltungen in den Kommunen beschäftigen sich mit der Gemeinwohl-Ökonomie. Sie sind sehr direkt von sozialen Verwerfungen oder den Auswirkungen des Klimawandels betroffen und sehen die Notwendigkeit des Handelns.

Frau Calderón Gómez-Tejedor, Sie arbeiten in Spanien nach den Grundsätzen der Gemeinwohl-Ökonomie. Wie weit ist die Bewegung in spanischen Kommunen verbreitet?

BG: Die erste Bilanz wurde 2014 in Miranda de Azán erstellt, einer Gemeinde in der Provinz Salamanca mit rund 400 Einwohner*innen.

Seitdem wurden Bilanzen hauptsächlich in kleinen und mittleren Gemeinden erstellt, die letzte im Jahr 2020 war für Guarromán in der Provinz Jaén mit rund 2800 Menschen. 2016 wurde Horta-Guinardó, ein Stadtteil von Barcelona mit 170.000 Einwohner*innen bilanziert. An diesem Prozess waren alle städtischen Mitarbeiter*innen beteiligt. Zwei Jahre später folgten zehn Unternehmen im Stadtteil mit insgesamt rund 2000 Beschäftigten.

Neben den kommunalen Bilanzen arbeitet die Bewegung in Spanien auch mit Gemeinderäten zusammen, um die Werte der Gemeinwohl-Ökonomie in verschiedenen Bereichen zu integrieren. Da geht es zum Beispiel um lokale Unternehmen und Geschäfte und den Bildungsbereich. In partizipativen Prozessen ermitteln wir die Prioritäten der Bürger*innen und erstellen daraus einen kommunalen Gemeinwohlindex. Als erste Stadt hat Miranda de Azán diesen Prozess begonnen.

Wir arbeiten auch eng mit einigen Regionalregierungen zusammen. Hervorzuheben ist der Bauprozess „Teneriffa, Insel des Gemeinwohls" mit der Abteilung für Nachhaltigkeit des Cabildo de Tenerife, der Inselregierung.[2] Diese Zusammenarbeit fördert die Entwicklung des Gemeinwohls in drei verschiedenen Phasen: mit Unternehmen, mit Kommunen und schließlich mit der Insel als Ganzem. In diesem Prozess geht es vor allem um das Bewusstsein und die Beteiligung der Bürger*innen. Er befindet sich noch in einem frühen Stadium, aber das Potenzial ist riesig.

Bemerkenswert ist auch die Unterstützung der Wirtschaft für das Gemeinwohl, die die valencianische Gemeinschaft seit mehreren Jahren durch ihr Ministerium für nachhaltige Wirtschaft, produktive Sektoren, Handel und Arbeit leistet.[3] Sie schafft vorteilhafte Bedingungen für den Wandel hin zu einer Wirtschaft, die sich auf die Menschen und den Planeten positiv auswirkt. Das Ministerium hat zudem bei der Einrichtung eines Lehrstuhls für Gemeinwohl-Ökonomie an der Universität von Valencia mitgewirkt, um Forschung und Ausbildung zu fördern.

Wie beeinflusst die Gemeinwohl-Ökonomie die Stadtentwicklung?

AB: Kommunen sollten Bürger*innen proaktiv in Strategie und Planung einbinden. Nicht als Alibipartizipation, sondern in einem offenen Prozess. Die Gemeinwohl-Ökonomie arbeitet hier mit dem Konzept der Konvente oder der demokratischen Versammlungen. Die Bürger*innen werden als Souverän angesehen. Allerdings müssen diese wiederum lernen und üben, für das Ganze einzutreten und

2   O. A. (o. D.): „Tenerife, Isla del Bien Común". http://www.medioambientecabildodetenerife.es/economia-y-empleo-verdes/tenerife-isla-del-bien-comun/ (letzter Zugriff: 15.05.2021)

3   *La Economía del Bien Común.* Video, 17:14 Min. http://www.indi.gva.es/es/web/economia/economia-del-be-comu (letzter Zugriff: 15.05.2021)

nicht nur für Eigen- und Partikularinteressen. Kommunale Stadtplaner*innen sollten offene Prozesse gestalten, die natürlich länger
dauern könnten, aber dafür zielführender für die Ergebnisse sind.

BG: Die Zusammenarbeit zwischen Bürger*innen und lokaler
Verwaltung ist entscheidend. Es geht dabei um einen generations-
übergreifenden Dialog, in dem die Stimme von Kindern und Jugend-
lichen, aber auch von älteren Menschen stärker berücksichtigt
wird. Stadtplaner*innen spielen dabei eine wesentliche Rolle. Die
Stadtplanung muss Hand in Hand mit den Bürger*innen das soziale
und kulturelle Kapital aufbauen, das Städte für die Bewältigung
der Herausforderungen der Zukunft brauchen. Wir bringen hierfür
universelle Werte ein. Zum Beispiel wurde in Miranda de Azán vor
einigen Jahren durch einen Konsultationsprozess der hohe symbo-
lische Wert einer Trauerweide identifiziert, mit der viele Menschen
wesentliche Momente im Leben verbinden. Dieses Bewusstsein
bestimmte anschließend städtebauliche Entscheidungen des Stadt-
rats. Ähnliches geschah mit vier 100 Jahre alten Olivenbäumen im
Stadtteil Horta-Guinardó in Barcelona, die an einen anderen Ort
versetzt werden mussten. Nachdem die ehemaligen Nachbar*innen
feststellten, dass die Bäume an ihrem neuen Standort in Gefahr
waren, beantragten sie deren Rückkehr. Die Gestaltung von Plätzen,
Straßen und Parks bestimmt die Beziehungen, die im öffentlichen
Raum entstehen, und sollte von Respekt und Fürsorge einer Gemeinschaft geprägt sein.

Frau Calderón Gómez-Tejedor, wie sind die langfristigen
Auswirkungen Ihrer Arbeit? Können Sie das am Beispiel des
bereits erwähnten Stadtteils Horta-Guinardó in Barcelona
skizzieren?

BG: Horta-Guinardó ist mit einer Fläche von 1192 Hektar und rund
170.000 Einwohnern der drittgrößte Stadtteil in Barcelona. Die Verwaltung beschäftigt 100 interne und 100 externe Mitarbeiter*innen.
Die Bilanzierung im Jahr 2016 war für alle eine sehr positive Erfahrung und eine Gelegenheit, mit allen Mitarbeiter*innen gemeinsam
zu überprüfen, wie sie arbeiteten. Alle waren von den Werten der
Gemeinwohl-Ökonomie überzeugt und es wurden Gruppen ge-
gründet, um das kommunale Management entsprechend der Werte
zu verbessern. Das hatte zum Beispiel Einfluss auf die Vergabe-
praxis für externe Dienstleistungen. Im Laufe der Jahre hat man
festgestellt, dass es immer mehr Projekte gibt, die im Einklang mit
diesen Werten stehen wie etwa *Urban Gardening*. Auch in Bezug

auf eine umweltfreundliche Mobilität gibt es große Fortschritte. Im kommunalen Handeln ist das *Wie* genauso wichtig ist wie das *Was*. Diese wertebasierte Managementkultur beeinflusst nun auch den Stadtrat, der eine Projektgruppe eingerichtet hat. Im Rahmen einer Umfrage hat man die fünf Grundwerte unter allen städtischen Mitarbeiter*innen ermittelt: Dienst an der Allgemeinheit, Transparenz und Klarheit, Freundlichkeit, Koproduktion und Beweglichkeit. Den Entscheidungen der Verwaltung liegt nun ein Wertegerüst mit enormen wirtschaftlichen, sozialen und ökologischen Auswirkungen zugrunde – zum Beispiel bei der Vergabe der Stadtreinigung, dem wichtigsten Vertrag, den der Stadtrat abschließt. Hier geht es um 2,5 Milliarden Euro für 10 Jahre. Dieser Vertrag ermöglicht es, mit nachhaltigeren Geräten als in den Vorjahren zu arbeiten. Der Bezirksleiter Eduard Vicente Gómez hält es für wichtig, dass im Bereich der Stadtplanung ein wertebasiertes Management integriert wird. Im Fall von Barcelona gibt es eine Abteilung für Stadtökologie, die Stadtplanung, Mobilität und Umwelt vereint. Dort entstehen Projekte für emissionsarme Zonen, ein gepflegtes Schulumfeld, die Förderung von Elektrofahrrädern oder auch der erwähnte Reinigungsvertrag. Auch Gómez, unter dessen Leitung die Gemeinwohlbilanz erstellt wurde, ist der Ansicht, dass die Werte der Gemeinwohl-Ökonomie erhebliche Auswirkungen auf das Leben in den Großstädten haben können. Er schlägt vor, dass sich die europäischen Hauptstädte und Städte in einem Gemeinwohlnetzwerk zusammenschließen.

Im Krisen- modus

Herausforderungen für die Krankenhausplanung

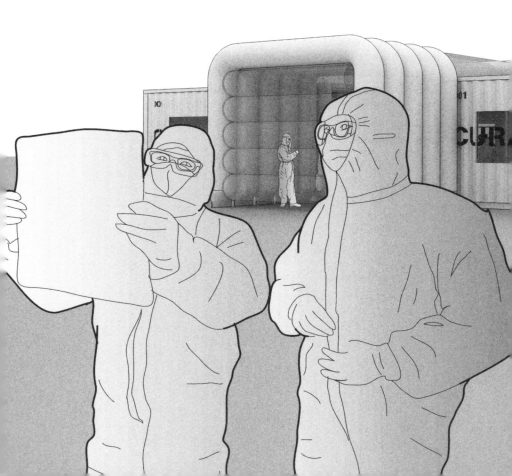

Als Reaktion auf die überlasteten Intensivstationen der Krankenhäuser hat eine internationale Task Force unter Beteiligung von Carlo Ratti Associati, Italo Rota & Partners, Philips und UniCredit innerhalb von vier Wochen die Notfalleinheit CURA entwickelt. Sie besteht aus einem umgebauten Überseecontainer mit je zwei Betten und Geräten. 20 Einheiten wurden im April 2020 in einem temporären Krankenhaus in einer ehemaligen Industriehalle des Turiner Kulturzentrums OGR aufgestellt. Abbildung: CURApods.org

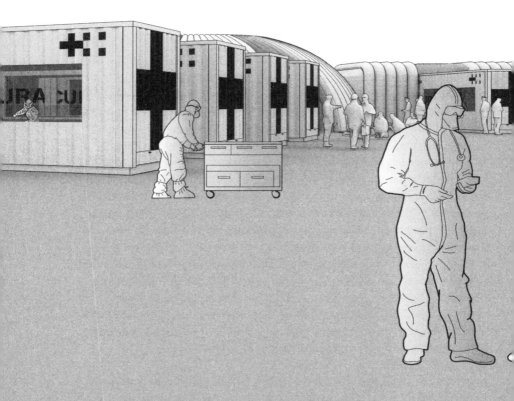

Wuhan, Bergamo, Madrid, New York – die Bilder von überfüllten Krankenhäusern, erschöpften Ärzt*innen und Pfleger*innen, Blaulicht und gestapelten Särgen im März 2020 zeigten Szenen, die man bisher nur aus Science-Fiction-Filmen kannte. Steigende Zahlen von Infizierten und Toten und Berichte über fehlende Schutzausrüstung und nicht vorhandene Betten- und Personalkapazitäten in den Krankenhäusern bestimmten die täglichen Nachrichten. Die Geschwindigkeit, mit der sich das neuartige SARS-Cov-2-Virus in einigen Regionen ausbreitete und dort die Grenzen der medizinischen Versorgungssysteme offenbarte, versetzte die Welt in Alarmzustand. Seine Aggressivität verlangte nach intensivmedizinischer Versorgung vieler Betroffener, seine Eigenschaft, erst nach dem Moment der höchsten Ansteckungsgefahr Symptome zu zeigen, zwang die Welt, Lebensgewohnheiten und Alltagsroutinen infrage zu stellen. Staaten schlossen ihre Grenzen und kappten Flugverbindungen, die Politik verhängte Ausgangssperren, schloss Schulen und Geschäfte und legte das öffentliche Leben lahm. Niemand wusste genau, auf wie viele Kranke man sich würde einstellen müssen.

Krisenmanagement in der Messehalle

Einige Städte reagierten vorsorglich mit baulichen Maßnahmen. Die Furcht, dass nicht alle Infizierten versorgt werden könnten, beschleunigte politische Entscheidungen und mobilisierte viel Geld für Infrastruktur in kürzester Zeit. Während im chinesischen Wuhan auf einer Großbaustelle neue Krankenzimmer im Turbomodus geschaffen wurden und in New York und Los Angeles militärische Hospitalschiffe vor Anker gingen, entstanden weltweit Feldlazarette in Fußballstadien oder Parkanlagen, wurden städtische Gebäude und Hotels für die Isolation und Notfallversorgung hergerichtet. Manche waren für mittlere bis leichte Fälle von Covid-19-Infizierten gedacht, manche auch als Ausweichquartier, um den Normalbetrieb der Krankenhäuser aufrechterhalten zu können. In vielen Städten statteten Zivilschutz- oder Militärangehörige leerstehende Messehallen mit medizinischen Geräten aus. Nur neun Tage brauchte man zum Beispiel in London, um im Messezentrum ExCel ein NHS-Krisenzentrum mit 4000 Betten vorzubereiten. Im Messezentrum IFEMA in Madrid dauerte es keine drei Tage, bis 1350 Betten aufgestellt und an Beatmungsmaschinen angeschlossen waren.

Auch die Stadt Berlin ließ auf dem Messegelände ein Notfallkrankenhaus einrichten, obwohl die Infektionszahlen Ende März 2020 weit entfernt von einem Corona-Hotspot waren und das Verhältnis von Intensivbetten und Bevölkerung in Deutschland weltweit zu den besten gehört. Die Berliner Senatsverwaltung stellte 40 Millionen Euro bereit und beauftragte den routinierten Katastrophenschützer und ehemaligen Chef der Berliner Feuerwehr Albrecht Broemme mit der Koordination. Die Gründe für den Standort waren die gleichen wie in anderen Städten. Zum einen liegen die Messehallen im kommunalen Zugriff und der übliche Betrieb war pandemiebedingt stillgelegt. Zum anderen ist das Messegelände logistisch gut angebunden, gebäude- und lüftungstechnisch ausgestattet und es hat keine Nachbarn, die gegenüber der Standortentscheidung hätten Bedenken anmelden können. Der grundlegende Entwurf der im Krankenhausbau erfahrenen Architekten Heinle, Wischer und Partner entstand an einem Wochenende – eine Clusterstruktur auf Basis des Intensivbetts als kleinster Einheit der Krankenhausplanung.[1] Vier Wochen brauchte das Team um Broemme bis zur baulichen Fertigstellung. Innerhalb von vier Tagen wurden auf 12.000 Quadratmetern Betonboden schallschützende Beläge aufgebracht, anschließend Wände gestellt, Leitungen verlegt und 500 Betten sowie mobile Beatmungsgeräte installiert. Entscheidungen, die normalerweise eine Woche brauchen, fielen innerhalb von 10 Minuten, die technische Abnahme in Bezug auf Hygiene, Brandschutz und Arbeitssicherheit geschah in vergleichsweise kürzester Zeit und dennoch auf dem für Krankenhäuser üblichen hohen Niveau.[2] Alle Beteiligten, inklusive der als träge geltenden Berliner Behörden, hatten im Krisenmodus Enormes geleistet.

Ein Jahr nach Beginn der Pandemie, im Frühjahr 2021, erscheint der Gebrauchswert dieser Infrastrukturmaßnahmen ernüchternd, zumindest in der westlichen Welt. Abgesehen von Madrid, wo man innerhalb von 41 Tagen 4000 Menschen behandelte, und vom Zeltlazarett im New Yorker Central Park, wo man während weniger Wochen 191 leichte Fälle versorgte, wurden die eingerichteten Notbehandlungszentren kaum ausgelastet. Niemand musste bisher im Berliner Notfallkrankenhaus versorgt werden, es wurde lediglich für Schulungen genutzt und soll bis September 2021 abgebaut werden. Das Behelfskrankenhaus auf dem Messegelände Hannover, wo man 70.000 Quadratmeter für 485 Betten freiräumte, ist bisher ebenfalls nicht zum Einsatz gekommen. Auch die bauliche Offensive der

1   Schultz, Edzard (Partner bei Heinle Wischer und Partner, Freie Architekten) (16.03.2021): Gespräch mit der Autorin
2   Ebd.

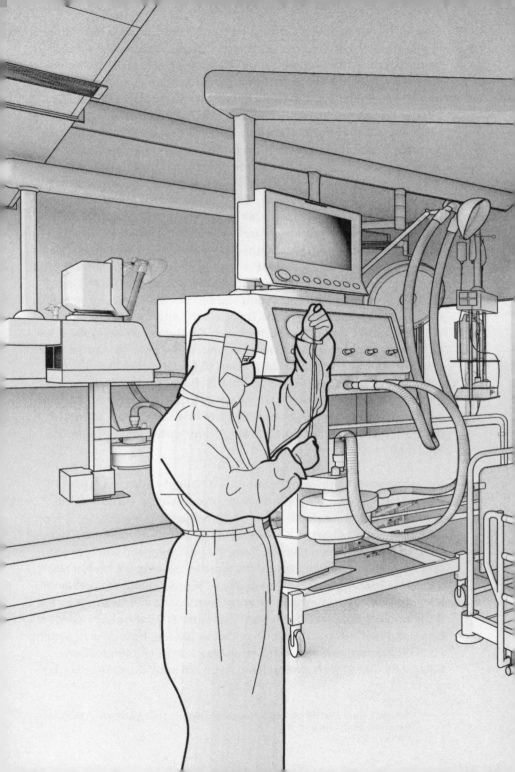

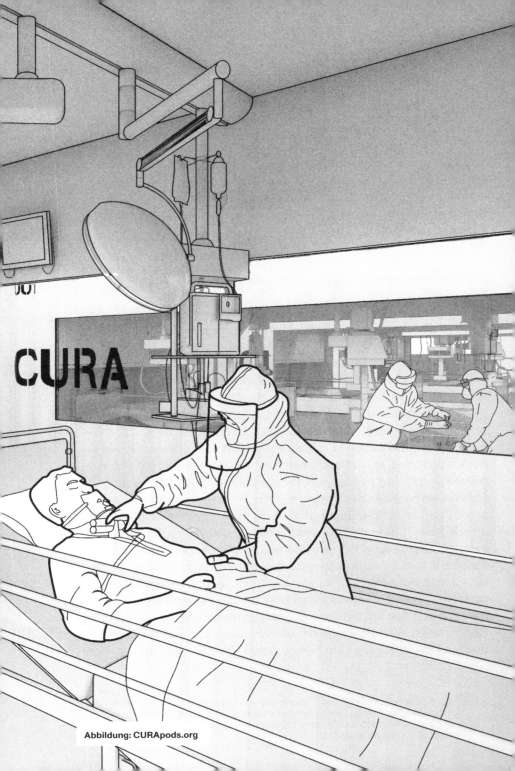

Abbildung: CURApods.org

britischen Regierung, die für mehrere Pop-up-Behandlungszentren
im ganzen Land 532 Millionen Pfund investiert hatte, stellte sich
im Nachhinein als überdimensioniert heraus. In London wurden
54 Menschen betreut, keine vier Wochen später schloss man wegen
fehlenden Bedarfs. In Manchester waren es in der ersten Welle rund
100 Covid-19-Fälle, in Exeter 29, in Birmingham und Sunderland
wurde niemand aufgenommen.[3] Einerseits kann man die Notzentren
als gescheiterten Versuch der Politik ansehen, strukturelle Defizite
im Krisenmodus mit viel Geld bekämpfen zu wollen. Andererseits
erschienen sie zur Bauzeit als richtige Entscheidung des Krisen-
managements, im Sinne der im Grundgesetz verankerten Daseinsvorsorge, der Bevölkerung leistungsfähige Krankenhäuser zur Verfügung zu stellen.

Konsequenzen für die deutsche Krankenhausinfrastruktur

Doch während die Kommunen Notkrankenhäuser einrichteten oder
neu bauen ließen, zeigten die Nachrichten aus den Pflegestationen,
dass die Bewältigung der Covid-19-Pandemie nur zum Teil eine
Frage von baulicher Infrastruktur ist. In der westlichen Welt, auch
in Deutschland, ist schnell deutlich geworden, dass es weniger die
räumlichen Gegebenheiten sind, die das Gesundheitssystem stra-
pazieren, sondern vielmehr die anfangs fehlende Schutzausrüstung
und das nach wie vor überlastete Personal. Werden die Notfallzen-
tren, Behelfskliniken und Ersatzkrankenhäuser also als kostspielige
Baumaßnahmen in die Pandemiegeschichte eingehen, die ebenso
schnell vergessen werden, wie sie entstanden sind, und die nicht
verhindern konnten, dass manche Pfleger*innen aufgrund der
schlechten Arbeitsbedingungen während der Pandemie ihren Job
an den Nagel hingen? Oder werden sie dazu anregen, ein Gesundheitssystem aufzubauen, das künftige Krisen besser bewältigen
kann? Die Pandemie legt die grundsätzliche Frage, wie Gesundheit
für alle bezahlbar bleibt, neu auf den Tisch. Auch wenn es vor allem
sozialpolitische Entscheidungen sind, die die Personallage verbessern und den allgemeinen Zugang zu medizinischer Versorgung
sicherstellen können, ist die bauliche Infrastruktur, um die es in
diesem Text vorrangig geht, ein wichtiger Teil der Antwort.

3   Vgl. Rustin, Susanna (27.01.2021): „The empty Nightingale hospitals show the cost of
putting buildings before people". In: The Guardian. https://www.theguardian.com/
commentisfree/2021/jan/27/empty-nightingale-hospitals-government-healthcare-
staff (letzter Zugriff: 08.05.2021)

Ein Gesundheitssystem, das flexibel auf Sondersituationen reagieren kann und zugleich den Pflegeberuf attraktiver macht, wird dem Infektionsschutz einen höheren Stellenwert als bisher zugestehen müssen. In den vergangenen Jahrzehnten waren es in erster Linie chronische Krankheiten, körperliche Konsequenzen des Wohlstands und das Versprechen eines langen Lebens, die die Gesundheitsversorgung herausgefordert und die Entwicklung in den Krankenhäusern vorangebracht hatten. Krankenhäuser sind heute kompakte Anlagen, deren bauliche Strukturen an immer neue Behandlungsmethoden und technische Geräte angepasst werden müssen. Viele Häuser haben den Anspruch, eine Atmosphäre zu vermitteln, die den Heilungsprozess unterstützt und dem Personal eine angenehme Arbeitsumgebung bietet, doch der wirtschaftliche Druck ist enorm. Das Personal muss immer wieder zwischen anfallenden Kosten, medizinischem Nutzen und den ethischen Ansprüchen der Medizin abwägen. Auf eine Pandemie ist das auf ökonomische Effizienz getrimmte System nicht vorbereitet, weder auf die Infektionsgefahr noch auf viele zeitgleich erkrankte Menschen.

Seit Mitte des 20. Jahrhunderts hatte sich die Medizin zunehmend in dem Glauben eingerichtet, die tödliche Gefahr von Infektionskrankheiten sei besiegt. Mit der Entdeckung des Penicillins durch Alexander Fleming, so fasst es die Fachärztin für Hygiene und Umweltmedizin Petra Gastmeier von der Berliner Charité zusammen, war die Rolle der Infektionskrankheiten in der Öffentlichkeit zurückgegangen. Lehrstühle für Infektionskrankheiten an den Universitäten wurden nicht mehr besetzt. 1967 ließ sich der amerikanische Arzt William H. Stewart gar zu der Einschätzung verleiten, dass es Zeit sei, den Kampf gegen Infektionskrankheiten für beendet zu erklären. Die mit den Ölkrisen der 1970er-Jahre einhergehenden notwendigen Kosteneinsparungen hatten im Krankenhausbau unter anderem dazu geführt, dass Kosteneinsparung die Bedeutung der Infektionsprävention verdrängte. Viele innenliegende Räume wurden geschaffen und die Belüftungsverhältnisse zugunsten von Umluft und weniger Frischluft geändert.[4] Viele dieser räumlichen Bedingungen existieren noch heute.

4　　Vgl. Gastmeier, Petra (2021): „Bauliche Infektionsprävention im Gebäude". Vortrag im Rahmen von „Zukunft Bau. Perspektiven für das Bauen im Wandel." Studio Bund. Online: 15.01.2021. Ab Min. 24:00. https://www.zukunftbau.de/veranstaltungen/bau-2021/rueckblick (letzter Zugriff: 08.05.2021)

Auch wenn die Architekturfachmedien aktuell einen anderen Eindruck vermitteln, ist der Neubau von Krankenhäusern in Deutschland vergleichsweise selten. Die Krankenhausplanung steht vielmehr vor der Aufgabe, bestehende Strukturen weiterzuentwickeln und zu aktualisieren. 35 Prozent der Krankenhäuser in Deutschland sind zwischen 1961 und 1990 gebaut worden, 23 Prozent zwischen 1901 und 1945. Die Hälfte des Gesamtbestands umfasst gewachsene Strukturen, ihre Gebäudeteile wurden im Lauf der Zeit aneinandergefügt.[5]

Stewarts Aussage hat sich längst als Fehleinschätzung herausgestellt. In den vergangenen Jahren hat die Häufigkeit der Ausbrüche neuer Infektionskrankheiten zugenommen.[6] Covid-19 ist demnach nicht die erste neuartige Infektionskrankheit und sie wird nicht die letzte sein. In den kommenden Jahren wird es weitere neue Erreger geben, die, wie das SARS-Cov-2-Virus, auf eine Tier-Mensch-Übertragung zurückzuführen sind. Hinzu kommt die Tatsache, dass die Risiken von resistenten Krankenhauskeimen zunehmen. Bereits heute ist jedes Jahr rund eine halbe Million Patienten in Deutschland von Krankenhausinfektionen betroffen.[7] Man nimmt an, dass etwa 10.000 bis 15.000 Patienten pro Jahr in Deutschland daran versterben.[8] Deshalb wurde in den letzten Jahren verstärkt zum baulichen Infektionsschutz geforscht. Die Pandemie verschafft diesen Ergebnissen nun mehr Gehör.

Im Jahr 2019 gab es bundesweit 1914 Kliniken mit 494.000 Patientenbetten.[9] Dieser Statistik folgend, müssen sich also rund 1900 Krankenhäuser auf zukünftige Infektionsgeschehen mit unbekannten Erregerformen vorbereiten. Für die Architektur bedeutet das vor allem: flexibel bleiben oder werden. Denn nicht alle Erreger

5   Vgl. Sunder, Wolfgang; Moellmann, Julia; Zeise, Oliver; Jurk, Lukas Adrian (2020): Das Patientenzimmer. Basel. S. 165, 166
6   Vgl. Deutscher Bundestag. Wissenschaftliche Dienste (12.01.2021): Sachstand Zoonosen, Pandemiepotential. https://www.bundestag.de/resource/blob/819242/5292551d2d6408842537ac1ee76dd8e6/WD-9-110-20-pdf-data.pdf (letzter Zugriff: 24.06.2021)
7   Vgl. Sunder, Wolfgang; Holzhausen, Jan; Gastmeier, Petra; Haselbeck, Andrea; Dreßler, Inka (12.2017): Bauliche Hygiene im Klinikbau, Planungsempfehlungen für die bauliche Infektionsprävention in den Bereichen der Operation, Notfall- und Intensivmedizin. Hrsg. v. Bundesinstitut für Bau-, Stadt- und Raumforschung (BBSR). Bonn. S. 5
8   Vgl. Gastmeier, Petra; Geffers, Christine (2008): „Nosokomiale Infektionen in Deutschland". In: Deutsche Medizinische Wochenschrift. Nr. 133. S. 1111–1115
9   Vgl. Bundesärzteblatt (01.03.2021). Aus einer Antwort des Bundesgesundheitsministeriums auf eine Anfrage der Linksfraktion. https://www.aerzteblatt.de/nachrichten/121611/Strukturwandel-Bettenabbau-in-den-Krankenhaeusern (letzter Zugriff: 19.03.2021)

übertragen sich auf die gleiche Art und Weise, nicht alle sind gleich aggressiv. Wichtig für den Schutz vor einer neuen Infektion sei es daher, schnell und zielgerichtet wissenschaftliche Erkenntnisse zu den möglichen Übertragungswegen zu gewinnen und diese unter anderem mit baulichem, räumlichem und gebäudetechnischem Aufwand zu unterbrechen, so der Architekt Wolfgang Sunder, der mehrere interdisziplinäre Studien zum baulichen Infektionsschutz koordiniert.[10] Dabei sei die Entwicklung von Lösungen zur verbesserten Kontrolle und Bekämpfung der Corona-Pandemie nicht nur einer Gruppe von Fachleuten vorbehalten. Sie erfordere die Beteiligung von Expert*innen aus völlig unterschiedlichen Disziplinen und Fachgebieten.[11] Neben der Diskussion über Belüftungssysteme sind seit Beginn der Pandemie auch immer wieder Forderungen nach mehr Einzelzimmern in den Krankenhäusern laut geworden. Doch ebenso wie man die CO_2-Emissionen nicht von heute auf morgen gen null reduzieren könne, ließen sich Vier-Bett-Zimmer nicht kurzerhand zu Einzelzimmern machen, sagt Sunder.[12] Eine Abfrage in deutschen Krankenhäusern im Jahr 2015 ergab, dass 44,4 Prozent der Zimmer in Normalstationen mehr als zwei Betten haben.[13] Dass diesbezüglich dringend gehandelt werden muss, bestätigte die Bundesregierung mit dem im Oktober 2020 verabschiedeten Krankenhauszukunftsgesetz, das Geld unter anderem für die technische und informationstechnische Ausstattung der Notaufnahmen und Krankenzimmer bereitstellt.[14]

Der bauliche Infektionsschutz betrifft aber längst nicht nur die angemessene Zahl von Räumen und eine leistungsfähige Gebäudetechnik. Er beginnt bei scheinbar kleinen Details wie der richtigen Anordnung des Desinfektionsmittelspenders und reicht über das Oberflächenmaterial der Zimmermöbel und die Anordnung von Schleusen bis hin zur Frage, wie die Notaufnahme eines Krankenhauses organisiert ist.[15] Neben Materialwahl und Raumorganisation bezieht sich Infektionsschutz zudem auch auf Zugänglichkeiten – und auf

---

10   Vgl. BSSR (Hrsg.) (03.2018): Bauliche Hygiene im Klinikbau. Zukunft Bauen: Forschung für die Praxis. Bd. 13. Interdisziplinäres Forschungsprojekt unter Leitung von Dr. Wolfgang Sunder (Institut für Industriebau und Konstruktives Entwerfen der TU Braunschweig) und Prof. Petra Gastmeier (Charité Berlin). https://www.bbsr.bund.de/BBSR/DE/veroeffentlichungen/zukunft-bauen-fp/2018/band-13.html (letzter Zugriff: 24.06.2021)
11   Ebd.
12   Vgl. Sunder, Wolfgang (19.03.2021): Gespräch mit der Autorin
13   Vgl. Sunder; Moellmann; Zeise; Jurk (2020) (wie Anm. 5), S. 167
14   Siehe §19.11 Gesetz für ein Zukunftsprogramm Krankenhäuser. Bundesgesetzblatt Teil I Nr. 48. https://www.bundesgesundheitsministerium.de/fileadmin/Dateien/3_Downloads/Gesetze_und_Verordnungen/GuV/K/bgbl1_S.2208_KHZG_28.10.20.pdf
15   Vgl. Sunder (2021) (wie Anm. 12)

eine Gestaltung, die Verhaltensweisen von Personal, Genesenden und Gästen beeinflusst.[16] Dass das menschliche Verhalten eine besonders wichtige Rolle spielt, bestätigt eine Untersuchung im New Yorker Mount-Sinai-Krankenhaus, die inmitten des Höhepunktes der ersten Covid-19-Welle im Frühjahr 2020 unter Leitung der MASS Design Group stattfand. Bis zum Ausbruch der Pandemie betrachteten Krankenhäuser Menschen mit Infektionskrankheiten als Ausnahme und nicht als Norm, stellt die Untersuchung fest. Es gebe ganz unterschiedliche Wahrnehmungen von Risikozonen innerhalb der Abteilungen. Verhaltensanweisungen müssten infektionsspezifisch erstellt und vor allem dem Personal deutlich kommuniziert werden.[17] In diesem Zusammenhang rückt auch die Bedeutung der Signaletik in den Fokus. Krankenhäuser als öffentliche Orte, in denen immer wieder neue Menschen auf ständig wechselnde, mitunter emotional hochbelastende Situationen treffen, brauchen eine klar lesbare Orientierung, die mit bestimmten Verhaltensregeln einhergehen. Im Bewusstsein, dass das menschliche Verhalten das größte Infektionsrisiko birgt, haben sich viele Krankenhäuser im Krisenmodus der Pandemiebewältigung in Festungen verwandelt. Genesenden blieb der Zuspruch ihrer Angehörigen nur übers Telefon, Trauernde fanden kaum Trost, weil sie sich von den Toten nicht verabschieden konnten.[18]

Zwischen Bettenlager, Einzelcontainer und Quarantäneparadies

Doch wird es künftig überhaupt noch Besuche am Krankenbett geben? Brauchen wir nicht vielmehr ein völlig neues Verständnis der Räume für Heilung und Pflege? Bereits vor der Pandemie waren Zukunftsszenarien für das deutsche Gesundheitssystem von der Annahme ausgegangen, dass der Fachkräftemangel zunimmt und die Kosten für die Pflege steigen, dass es künftig mehr ambulante Versorgung, spezialisierte Kliniken und weniger Rundum-Service-Krankenhäuser geben wird, doch jetzt werden die Schwachpunkte immer deutlicher. Es gehört zu den positiven Auswirkungen der Covid-19-Pandemie, dass sie das Nachdenken darüber, was ein Krankenhaus oder vielmehr ein Ort des Gesundwerdens künftig sein kann, verstärkt hat.

16   Ebd.
17   Vgl. Ariadne Labs, MASS Design Group (o. D.): „Role of Architecture in Fighting COVID-19". https://massdesigngroup.org/covidresponse (letzter Zugriff: 28.03.2021)
18   Vgl. 76 Days (2000). Dokumentarfilm von Hao Wu, Weixi Chen und einem anonymen Dritten aus der Anfangszeit der Covid-19-Pandemie im abgeriegelten Wuhan

Auf der Suche nach Vorbildern für eine schlanke und kostenspa-
rende Struktur fällt der Blick oft nach Dänemark, wo die stationäre
Behandlung zugunsten ambulanter Versorgung seit vielen Jahren
zurückgefahren wird. Bereits im Jahr 2007 hatte die dänische Regierung einen mit 5,5 Milliarden Euro unterstützten Masterplan
verabschiedet, mithilfe dessen das medizinische Versorgungssys-
tem zu wenigen spezialisierten großen Kliniken und kleinen Erstver-
sorgungseinheiten umgebaut werden sollte. Dies war allerdings nur
möglich, weil sich die dänischen Krankenhäuser fast ausschließlich
in staatlicher Hand befinden.[19] Die unterschiedlichen Trägerschaf-
ten in Deutschland – von staatlichen über frei-gemeinnützigen bis
hin zu privaten –, die Teilzuständigkeiten und die Tatsache, dass es
bisher keine länderübergreifende Krankenhausbauverordnung gibt,
erschweren schnelle strukturelle Veränderungen, selbst wenn diese
politisch gewollt wären. Wo kann Planung da überhaupt ansetzen?

Architekt*innen und Planer*innen haben die Pandemie zum Anlass
genommen, räumliche Ideen zu visualisieren und damit neue Fragen aufgeworfen. Stehen die künftigen Räume des Genesens eher
mitten in der Natur, so wie die Waldklinik im Thüringischen Eisen-
berg, die sich als touristische Wegmarke versteht und Menschen
auf der Durchreise im Restaurant empfängt? Wird es künftig mehr
Orte alternativer Medizin geben, an denen man Heilpflanzen züchtet
und therapeutische Experimente im Selbstversuch lebt? Oder werden Krankenhäuser eher eine kleine Stadt in der Stadt sein, in der
Kommunen neben der Gesundheitsversorgung auch Räume für eine
Bibliothek, ein Museum und eine Kita unterhalten?

Viele Ideen deuten darauf hin, dass die Räume zum Kurieren körper-
licher Leiden je nach Erkrankung, Infektionsgeschehen und finan-
zieller Situation verschiedenste Formen annehmen könnten. Sollte
es gelingen, den Anspruch auf medizinische Grundversorgung unabhängig vom Einkommen durchzusetzen, werden viele Menschen
künftig telemedizinisch betreut zu Hause genesen oder finanziell
dazu gezwungen sein.[20] Manche medizinische Einrichtungen werden eher wie Logistikzentren operieren, die Online-Bestellungen
per Drohne verschicken oder mobile Roboter mit personalisierten

---

19   Vgl. Buschbeck, Tobias; Glade, Susanne (27.04.2012): „Was ist anders in Dänemark?".
      In: Bauwelt 17/2012. Gütersloh

20   Das 2015 gegründete Mercy Virtual Care Center im mittleren Westen der USA
      betreut mit rund 300 Mediziner*innen über Bildschirme Patienten zu Hause und in
      43 Krankenhäusern in fünf Bundesstaaten rund um die Uhr.

Medikamenten vor die Patientenhaustür schicken.[21] Andere könnten,
um im Bild des Krisenmodus zu bleiben, wie Theaterkulissen auf-
und wieder abgebaut werden, so wie es das Video *OMA Hospital of
the Future (Twelve Cautionary Urban Tales)* andenkt,[22] oder analog
des Prototypen *CURA* von Carlo Ratti als containerbasierte Isolier-
stationen auf Vorrat gefertigt werden.[23] Möglicherweise wird es
künftig auch Bedarf an mobilen und skalierbaren Räumen für die
Quarantäne geben, die als heitere Architekturen unser Verhältnis
zur Natur neu justieren, anstatt die Lebensqualität in der Abge-
schiedenheit zu mindern, so wie es Gustav Düsing und Carson Chan
ganz hedonistisch in ihrem Projekt *Fortnightism* visualisieren.[24]
Vielleicht werden sich stationäre Krankenzimmer immer weniger
von Hotelsuiten unterscheiden, werden Menschen, die es sich
leisten können, in der Welt umherfliegen, um in flughafennahen
Montagekliniken Körperteile optimieren oder Ersatzteile einbauen
zu lassen. Vielleicht wird man aber auch die Friedhöfe stillgeleg-
ter Flugzeuge eines Tages zu Sanatorien für die Behandlung von
Covid-19-Folgeerscheinungen umbauen. Wie auch immer die Welt
diese und künftige Pandemien bewältigen wird: Ohne Pflegepersonal und ohne bedingungslosen Zugang aller Menschen zur
Gesundheitsversorgung – das ist wohl die wichtigste Lehre aus der
pandemischen Krankenhausplanung – bleibt auch der beste Ort
zum Genesen nutzlose Infrastruktur.

21 Das Tübinger Biotech-Unternehmen Curevac hat einen Impfstoffdrucker zur Zulassung angemeldet. Mit der mobilen Produktionsanlage sollen ab Sommer 2021 mRNA-Impfstoffe hergestellt werden. https://www.aerztezeitung.de/Wirtschaft/Curevac-erprobt-in-Kuerze-Impfstoffdrucker-fuer-COVID-19-Vakzin-417587.html (letzter Zugriff: 18.04.2021)

22 Vgl. Larsson, Hans; Retegan, Alex; de Graaf, Reinier (2020): „OMA Hospital of the Future (Twelve Cautionary Urban Tales)". Matadero Madrid. Centre for Contemporary Creation. © OMA. https://vimeo.com/495484280 (letzter Zugriff: 07.04.2021)

23 Vgl. https://carloratti.com/project/cura (letzter Zugriff: 29.03.2021)

24 Vgl. Maak, Niklas (21.11.2020): „Das Haus der vierzehn Nächte". In: Frankfurter Allgemeine Zeitung. S. 11

Anmer-kungen zur gerechten Stadt

Laut einem Bericht der globalen Nothilfe- und Entwicklungsorgani-sation Oxfam hat die Pandemie Ungleichheiten weltweit dramatisch verstärkt.[1] Die globale Armut ist so hoch wie zuletzt vor 5 Jahren. Die Schere zwischen Arm und Reich – also denjenigen, die durch die Krise noch stärker abgehängt werden, und denjenigen, die massiv von der Covid-19-Krise profitieren – geht weiter auf. Oxfams nüch-terne Einschätzung: Ursache für die wachsende Ungleichheit sei ein wirtschaftliches System, das ebendiese Ungleichheit nicht nur im-mer weiter forciert und reproduziert, sondern durch die Ausbeutung von Mensch und Planet auch die Klimakrise herbeigeführt habe.[2]

Sind bereits in den letzten Jahren die Forderungen nach einer ge-rechten Stadt und einer gerechten Verteilung von Raum immer lauter geworden, so hat die Pandemie diese im vergangenen Jahr nochmals verschärft. Doch was genau ist eine gerechte Stadt? Was bedeutet

1   Vgl. Oxfam Deutschland e. V. (2021): „Das Ungleichheitsvirus. Wie die Corona-Pandemie soziale Ungleichheit verschärft und warum wir unsere Wirtschaft gerechter gestalten müssen". https://www.oxfam.de/system/files/documents/oxfam_factsheet_ungleichheitsvirus_deutsch.pdf (letzter Zugriff: 04.04.2021)
2   Ebd.

Gerechtigkeit, bezieht man sie konkret auf Stadtentwicklung, auf die Nutzung von Räumen, auf existierende und noch im Entstehen befindliche Architektur? Wie sieht verräumlichte Gerechtigkeit aus?

Um dieses riesige Feld einzugrenzen, ist es hilfreich, einen etwas weiteren Bogen zu spannen, der sich nicht zuletzt auch am aktuellen Klimanotstand festmachen lässt – doch dazu später mehr. Zuerst möchte ich mit Fragen beginnen, die sich direkt an die Planenden „unserer" Zukunft richten: Wer sind diese Menschen überhaupt, die mit der Planung der Städte, mit der Gestaltung von Lebenswelten und der gebauten Zukunft betraut wurden und zukünftig betraut werden? Und wer, mit den Worten von Lucius Burckhardt gesprochen, gestaltet die Planung, die Gestaltungs- und Stadtentwicklungsprozesse überhaupt erst möglich macht?[3] Auf der Suche nach der gerechten Stadt werden wir uns erst einmal damit auseinandersetzen müssen, wer für wen oder mit wem plant. Dieses *Für* oder *Mit* weist auf unterschiedliche Ansätze hin. Schon hier wird es äußerst komplex. Denn diese Ansätze sprechen nicht zuletzt von Verantwortung, die – im Auftrag von wem? – übernommen wird, um den Raum, in dem wir leben, zu gestalten. Es geht hier auch um Verantwortlichkeiten und darum, bei wem diese verankert sein dürfen.

Nicht erst seit den Anfängen der Occupy-Bewegung sind Gesellschaften weltweit für diese Fragen sensibilisiert. Kaum jemand würde heute behaupten, dass Stadtentwicklung – ganz pauschal gesprochen – wahrhaftig inklusiv ist. Viele der großmaßstäblichen Visionen der letzten Dekaden sind von den Vorstellungen, den Macht- und Kapitalexzessen der Wenigen ersehnt und umgesetzt worden. Visionen, die sich nicht wirklich an den Bedarfen der Vielen ausgerichtet haben. Das führte dazu, dass vermehrt von ausgrenzenden Urbanisierungsprozessen gesprochen wurde, das heißt von Planungen, die sich aus privatwirtschaftlicher Logik speisen, aber nicht inklusiv gedacht werden oder konstituiert sind. Statistiken machen dies sichtbar. Wir können es an der schon erwähnten immer größer werdenden Schere zwischen Arm und Reich sehen. Noch viel deutlicher als alle trockenen Statistiken zusammengenommen sprechen aber die realisierten Räume, in denen wir leben – Räume, die wir selbst kennen und solche, die uns durch Bilder und Reportagen vermittelt werden. Wir alle wissen, dass manche – sehr wenige – Menschen ganz stark von globalen Chancen, globalen

3   Vgl. Burckhardt, Lucius (2012 [1974]): „Who Plans the Planning?". In: Jesko Fezer; Martin Schmitz (Hrsg.): Lucius Burckhardt Writings. Rethinking Man-made Environments. Politics, Landscape & Design. Wien/New York. S. 85–101

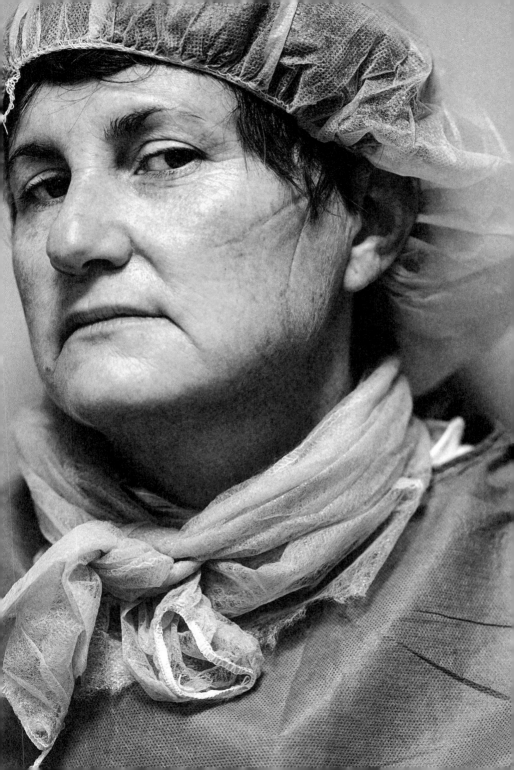

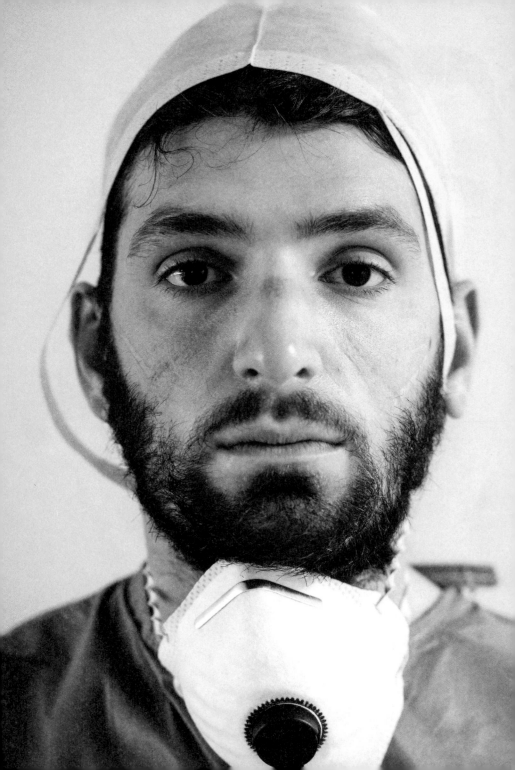

Geldflüssen und globalen Handelsverbindungen profitieren. Ganz viele andere haben diese Möglichkeiten nicht. Doch sind es diese globalen Profiteur*innen, die Räume in ihrem Sinne und in ihrem (durchaus auch monetären) Interesse gestalten. So vermehren sich solche Räume, in denen wir uns nur aufhalten dürfen, wenn wir für sie zahlen. Andere Räume dagegen, öffentlich zugängliche und umsonst nutzbare – also genau die Räume, die sich als absolut wichtige Erholungs- und Ausgleichsorte während der Pandemie etabliert haben –, verschwinden langsam, aber stetig von der Bildfläche. Diese „Bezahl-Räume" breiten sich aber nicht nur einfach aus. Sie haben außerdem die Angewohnheit, die anderen Räume zu verdrängen. Das alles passiert nicht selten unter der Prämisse der „Aufwertung"; ein scheinbar unschuldiges Wort für die damit einhergehenden durchaus gewaltsamen Prozesse, die allerdings immer weniger häufig mit diesen beschönigenden Begriffen verschleiert werden können. Das heißt: Stadtgefüge verändern sich – manchmal langsam und schleichend, manchmal durchaus rasant. Und der Platz für die, die nicht so viel haben, schwindet. Gerechtigkeit, so nun der Chorus, sieht anders aus!

Der vielleicht berechtigte Einwand hier ist, dass doch früher auch nicht alles rosig war. Dass die hier beschriebenen Prozesse keine neuen sind. Dass Verdrängung heute vielleicht Gentrifizierung heißen mag, dass sich sonst aber nichts geändert hat. Und ja, das mag so sein. Aber der Widerstand, der sich regt, und die Proteste, die massiv sind und lauter werden, die sind besonders. Stadt muss anders gemacht werden. Stadt muss so geplant, so konstruiert, so gebaut und so verwaltet werden, dass nicht nur Glück, günstige Umstände oder finanzielle Mittel über ein mögliches Leben in der Stadt entscheiden. Das Recht auf Stadt muss absolut sein.

Wenn wir Bücher zu diesem Thema lesen, dann wird dieses Recht häufig an dem Recht auf sauberes Wasser, auf saubere Luft, auf Wohnen, auf angemessene sanitäre Einrichtungen, auf Mobilität, auf Bildung, auf eine Gesundheitsversorgung und auf demokratische Beteiligung an Entscheidungsfindungen festgemacht. Allerdings geht es auch – so Peter Marcuse – um soziale Gerechtigkeit, die das Recht auf individuelle Gerechtigkeit beinhaltet, aber weit darüber hinausgeht.[4] Es geht um Stadt, und auch hier nehme ich wieder

---

4   Vgl. Marcuse, Peter (2012): „Whose Right(s) to What City?". In: Neil Brenner; Peter Marcuse; Margit Mayer (Hrsg.): Cities for People, Not for Profit: Critical Urban Theory and the Right to the City. New York. S. 24–41

Bezug auf Marcuse, als Ort für eine heterogene und komplexe Gesellschaft, die die gleichen Potenziale für alle bietet.[5]

Auch heute noch beziehen sich viele, die sich mit diesen Fragestellungen und Gedanken beschäftigen, auf Henri Lefebvre, der im
Jahr 1968 dieses immer noch so aktuelle Buch über das Recht auf
Stadt schrieb.[6] Damals trug Lefebvres Arbeit dazu bei, Kritik am
Kapitalismus und an der Institutionalisierung von Leben ganz allgemein zu formulieren – und auch heute kann es immer noch genauso
gelesen werden. Aber Lefebvre (und auch deswegen wird dieser
über 50 Jahre alte Text weiterhin relevant bleiben) artikuliert nicht
nur Kritik, er führt auch aus – so zumindest die Lesart einiger –, wie
genau diese andere, diese gerechte Stadt gestaltet sein muss. Die
Prinzipien, die hier genannt werden, handeln von Selbstorganisation
durch Partizipation, von Selbstbestimmung und von Aneignung. Sie
sind Manifestation kollektiver Forderungen, die von aktiven Stadt-
bewohnenden postuliert werden, aber immer wieder aufs Neue
verhandelt und ausgehandelt werden müssen. Häufig, das sagt
Lefebvre, seien diese Forderungen Resultat politischer Kämpfe.[7]

Lefebvre skizziert, wie die gerechte Stadt organisiert sein, wie sie
verwaltet werden und – vielleicht sogar – wie sie aussehen müsste.
Es geht ihm nicht um eine leichte Umgestaltung und Reformation
der Apparate und Mechanismen, die unsere existierenden Städte
antreiben. Weder Staat noch Kapitalismus haben in seinem Modell
einen Platz. Die gerechte Stadt muss sich der Kontrolle und den
Disziplinierungsmechanismen dieser Systeme entziehen, weil sie
von fundamental anderen Werten getragen wird. Lefebvre stellt
also der gewaltsamen, der ausbeutenden, der ausgrenzenden, der
instrumentalisierenden Stadt ein anderes Imaginarium entgegen,
das fast wie ein formloses Konstrukt daherkommt, aber trotzdem
nicht nur Hülle ist. Es muss verhandelt werden, gemeinsam entstehen und inklusiv sein, ohne starre Communitys zu bilden.

Noch einmal anders gesagt: Gerechtigkeit, und zwar auch auf
räumlicher Ebene, kann nicht durch das Unterschreiben von ein,
zwei oder mehr Petitionen aus dem eigenen Wohnzimmer heraus
umgesetzt werden. Die Systeme, die unsere existierenden Städte
so scheinbar reibungslos laufen lassen, entfremden und grenzen aus – implizit wie auch explizit. Dies hat uns die Pandemie so

5   Ebd.
6   Vgl. Lefebvre, Henri (1968): Le droit à la ville. Paris
7   Ebd.

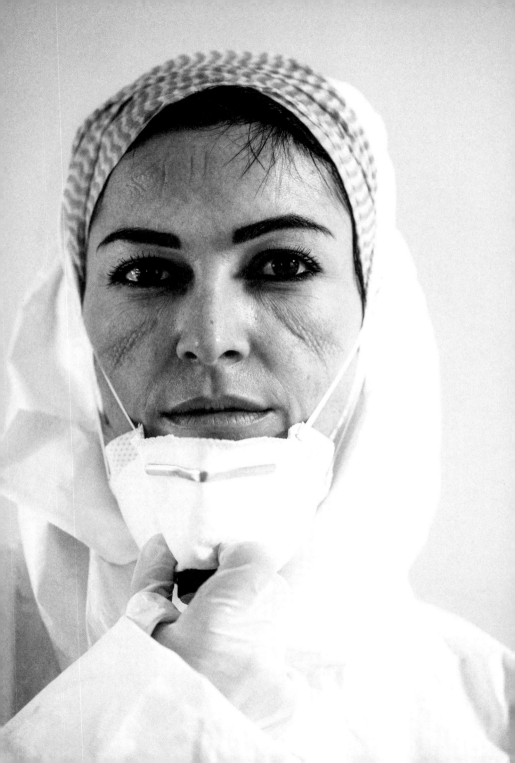

schmerzlich wie vielleicht noch nie zuvor vor Augen geführt. Es gilt, diesen entfremdeten Raum zurückzuerobern. Es gilt, Raum, der durch neoliberalisierende Prinzipien und die anhaltende Privatisierung öffentlicher Vermögenswerte dem Gemeinwohl und der Gemeinschaft entzogen wurde, in andere soziale und kommunalisierte Beziehungsnetze zurückzuholen. Dabei können wir nicht zwingend oder bedingungslos auf existierende (staatliche) Strukturen zurückgreifen, sondern müssen neue Systeme, neue Institutionen denken, entwerfen und umsetzen.

Gemeint sind hier also mitnichten temporäre Interventionen, die wohl auch immer wieder ihre Nützlichkeit und daher ihre Rechtfertigung haben mögen. Im Gegenteil: Das Recht auf Stadt kann kein fahrender Zirkus sein. Kurz aufschlagen, um dann doch wieder (überstürzt) aufzubrechen, bevor zu viele Spuren hinterlassen werden – das ist eindeutig der falsche Ansatz. Falsch wäre es auch, im Fordern von anderen Prinzipien nur auf die Rechte Einzelner zu schauen – nicht zuletzt deswegen, weil genau dieser Fokus auf das Individuum jedweden Notstand produziert hat, in dem wir uns gerade befinden. Stattdessen müssen alle immer und immer wieder, immer und immer vehementer dafür kämpfen, dass kollektive Rechte (auf sauberes Wasser, auf saubere Luft, auf leistbares Wohnen, auf öffentlichen Raum und vieles mehr) langfristig verankert werden. Nur so kann den großen Herausforderungen unserer Zeit endlich ansatzweise mit der notwendigen Ernsthaftigkeit begegnet werden: allen voran dem globalen Klimanotstand, der mit schwindelerregendem Tempo auf uns zurast, ohne nennenswerte politische Reaktionen auszulösen.

Ich werde zum Abschluss keine Formeln für die gerechte Stadt aufstellen. Ich werde keine Toolbox präsentieren, aus der wir uns bedienen können. Genauso wenig werde ich vorschlagen, ein mit Innovation lockendes Design-Thinking-Rezept auszuprobieren. Auch habe ich keine Übung parat, die Readymades produzieren könnte und uns dabei hilft, uns aus dieser verzwickten Situation zu befreien. Selbst die Fragen, die ganz am Anfang standen, habe ich im Verlauf des Textes nur tangential angerissen. Andere sind, ganz bewusst, vollends unbeleuchtet geblieben, denn mein Vorschlag hier sieht vor, die Fragen als Ausgangspunkt für die eigene Arbeit und das eigene Tun zu nutzen. Zusammen mit den anderen Ausführungen können sie als Barometer, als Wetterglas, vielleicht sogar als Druckanzeiger verstanden werden. Mit diesen Fragen können Einschätzungen vorgenommen werden. Sie können eingesetzt werden, um ungleiche Entwicklungen aufzuzeigen und andere Systeme zu entwerfen.

Doch selbst wenn die gerechte Stadt nicht als einfaches Rezept daherkommt – weil Gerechtigkeit im Miteinander verhandelt werden muss –, so gibt es trotzdem auch Dinge, die sich ganz allgemein postulieren lassen. Ich ziehe noch einmal Peter Marcuse als Helfer heran, der sagt, dass es keine Gerechtigkeit in neoliberalen Systemen geben könne. Existierende neoliberale Systeme und Mechanismen, so Marcuse, müssten bekämpft werden.[8] Die gerechte Stadt muss also ihren Fokus auf Alternativen setzen. Was bedeutet das für die gerechte Stadt? Und was bedeutet das für den Akt der Planung selbst, wenn diese denn in Zukunft noch so heißen sollte? Marcuse fordert in erster Instanz das Analysieren, Sichtbarmachen und Kommunizieren der Wurzeln von zeitgenössischen Problemen. Diese Analysen können dann im zweiten Schritt, von allen Raumschaffenden und unter Einbezug kritischer Theorie, dazu benutzt werden, andere Vorschläge zu entwickeln. Und dann – und das scheint hier am wichtigsten, fordert er immer wieder *politicise, politicise, politicise*.

Wohlwissend um die Gefahr der Wiederholung: Auch das marcusesche Prinzip ist natürlich keine magische Kugel. Die gerechte Stadt ist und bleibt Aushandlungsprozess, ist und bleibt gemeines Projekt und wird nur durch viel Einsatz von uns allen umgesetzt werden können – um dann wieder neu verhandelt, neu geplant und wieder neu infrage gestellt zu werden. Nur eins ist klar: So wie bisher kann es, darf es nicht weitergehen. Dafür steht zu viel auf dem Spiel.

Don't do / nicht machen

Inseln produzieren, zu denen niemand hin- und von denen niemand wegkommt; Zirkusveranstaltungen; gemeinsame Sache mit ausbeutenden Systemen

Do / machen

Solidarischen Netzwerken beitreten; die Auswirkungen von Planungen auf und für andere mitdenken; vielfältige Möglichkeiten des Mitgestaltens und andere Systeme erfinden; den großen Herausforderungen unserer Zeit endlich mit ernsthaften Vorschlägen entgegentreten

Der Text ist eine überarbeitete Version des Essays „Gerechtigkeit", erschienen im Sammelband Glossar zur gemeinwohlorientierten Stadtentwicklung (Herausgeber: BBSR, 2020).

8   Vgl. Marcuse (2012) (wie Anm. 4)

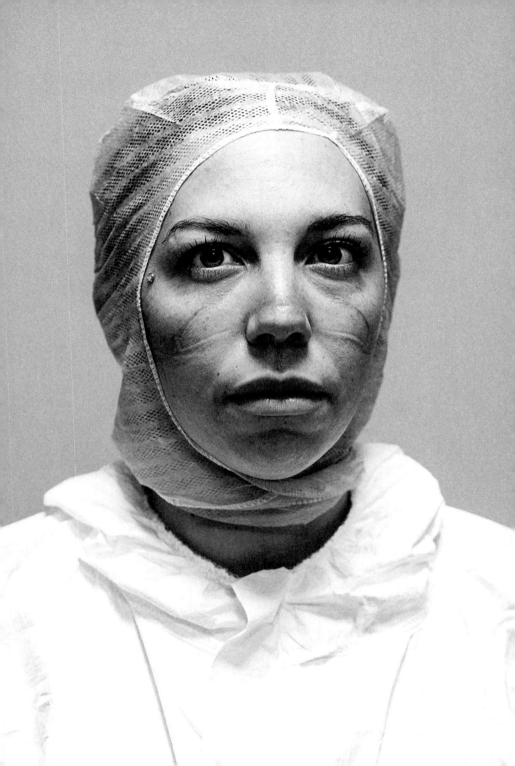

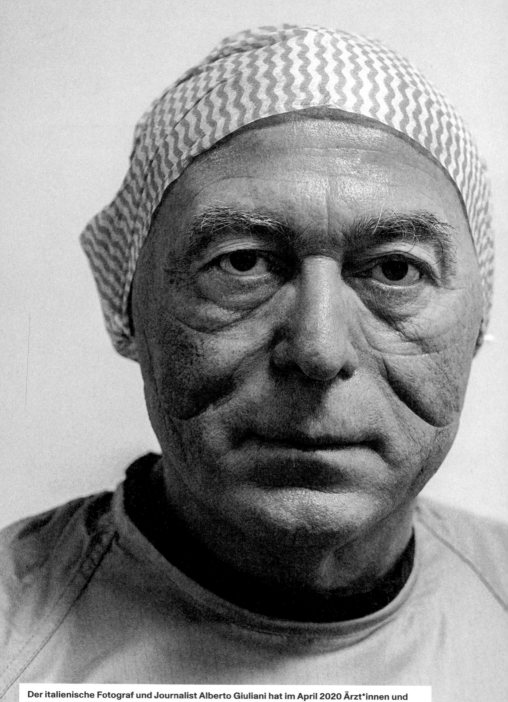

Der italienische Fotograf und Journalist Alberto Giuliani hat im April 2020 Ärzt*innen und
Pflegepersonal des San-Salvatore-Krankenhauses in seiner Geburtsstadt Pesaro am Ende
ihrer Schichten fotografiert. Fotos: Alberto Giuliani

Sascha Anders ist seit 2011 Wissenschaftlicher Mitarbeiter an der HafenCity Universität Hamburg (HCU) und beschäftigt sich unter anderem mit städtischen Transformationsprozessen.

Sabine Bauer ist Architektin und Assistentin am Institut für Urbanistik der TU Graz. Ihre Forschungsschwerpunkte sind aktive Mobilität, Gestaltung von öffentlichen Räumen und Entwicklungsplanung im periurbanen Raum. Im Rahmen des Forschungsprojekts *Tactical Mobilism* arbeitet sie zu räumlichen Interventionsmechanismen und entwickelt eine regionale Strategie für den Raum Krottendorf-Gaisfeld.

Anke Butscher ist Sozial- und Wirtschaftswissenschaftlerin, geschäftsführende Gesellschafterin von corsus und Expertin für die Implementierung von Nachhaltigkeit in Organisationen und Lieferketten sowie für Gemeinwohl-Ökonomie. Sie berät Unternehmen, Kommunen und Organisationen bei werteorientierten Bilanzierungsprozessen und begleitet Kommunen in der nachhaltigen Kommunal- und Stadtentwicklung.

Bárbara Calderón Gómez-Tejedor ist Spezialistin für nachhaltige Entwicklung und internationale Migration. Sie studierte Europäische Betriebswirtschaftslehre an der Universidad Pontificia Comillas in Madrid sowie an der ESB Reutlingen und forscht und berät Kommunen zu sozialem Zusammenhalt und Gemeinwohl-Ökonomie.

Aglaée Degros ist Professorin und Leiterin des Instituts für Städtebau der TU Graz sowie Science Fellow an der Vrije Universiteit Brussel. Zusammen mit Stefan Bendiks gründete sie das Büro Artgineering. Sie ist Vorstandsmitglied mehrerer Institutionen in Österreich und Belgien und Beraterin diverser Ministerien und Städte.

Futures Probes ist ein Forschungskollektiv, bestehend aus vier Futuristinnen, von denen Katrina Günther und Elena Artiles Leyes mit Non Voyage zusammenarbeiten. Katrina Günther ist Illustratorin und Dozentin für Design und Zukunftsforschung. Elena Artiles Leyes ist Politikwissenschaftlerin und erforscht das Potenzial des regenerativen Tourismus auf den Kanarischen Inseln.

Stephan Große ist seit 2018 Wissenschaftlicher Mitarbeiter an der HafenCity Universität Hamburg (HCU) und beschäftigt sich unter

anderem mit Klein- und Mittelstädten bzw. ländlichen und suburbanen Räumen.

Kerem Halbrecht ist ein kritischer Raumpraktiker. Er gründete
72 Hour Urban Action, das erste Echtzeit-Architekturfestival der
Welt, und ist Mitbegründer der Firma PlattenBaum, die Infrastrukturen für Urbane Landwirtschaft entwickelt, sowie Mitbegründer von
Non Voyage.

Phineas Harper ist Leiter der Stiftung Open City sowie des Netz-
werks Open House Worldwide und Kolumnist bei Dezeen. 2019 war
er Co-Kurator der Architekturtriennale in Oslo und des 19. Architek-
turpreises des Landes Steiermark. Er ist Berater der parteiübergrei-
fenden Suburban Taskforce in Großbritannien. Von 2015 bis 2020
war er stellvertretender Direktor der Architecture Foundation in London und entwickelte zusammen mit Tom Wilkinson das Programm
„New Architecture Writers".

Felix Hartenstein lebt und arbeitet als Stadtökonom in Berlin. Er berät, lehrt und forscht unter anderem zu neuen Arbeitsformen in der
Stadt, Digitalwirtschaft und Stadtentwicklung, Silicon Valley Urbanism und Corporate Urban Responsibility. Er ist Mitherausgeber
des 2017 erschienenen Sammelbandes CSR & Stadtentwicklung –
Unternehmen als Partner für eine nachhaltige Stadtentwicklung.

Thomas Krüger ist seit 2000 Professor an der HafenCity Universität
Hamburg (HCU) und leitet das Fachgebiet Projektentwicklung und
Projektmanagement in der Stadtplanung.

Markus Monsberger ist Architekt und Projektassistent am Institut
für Städtebau der TU Graz. Er beschäftigt sich mit Smart-City-Kon-
zepten für Klein- und Mittelstädte und vertritt das Institut im Grazer
Urban Mobility Lab. Bei Artgineering arbeitet er an der Transformation urbaner Räume, insbesondere im Bereich Fahrradinfrastruktur.

Agnes Müller ist Architektin und Stadtforscherin in Berlin. Sie pro-
movierte über flexible Arbeitswelten im urbanen Raum anhand von
Coworking Spaces. An der TU Berlin forscht und lehrt sie zu den
Themenbereichen Urban Commons und urbane Mobilität in den
Studiengängen Urban Design sowie Stadt- und Regionalplanung
und koordiniert den dualen Master-Studiengang „Urban Planning
and Mobility" zusammen mit der Universidad de Buenos Aires.

189 **Eitan Nir** ist im Bereich Kulturplanung tätig, Sozialwissenschaftler und Datenanalyst. Er ist Mitbegründer von E-Boded, einer Produktionsfirma für Musikfestivals und Events, und Teil von Non Voyage.

Zachi Razel ist Designer und Architekturschaffender, tätig an der Schnittstelle von Architektur, Kunst und sozialer Praxis. Er ist Gründungsmitglied von Torhaus Berlin e.V., einem Gemeinschaftsraum und Verein für soziale Stadtprojekte. Zudem ist er Partner bei KLAK – Design & Build Studio und Mitbegründer von Non Voyage.

Stefan Rettich ist Architekt und Professor für Städtebau an der Universität Kassel. Von 2011 bis 2016 war er Professor für Theorie und Entwerfen an der Hochschule Bremen, zuvor lehrte er 4 Jahre am Bauhaus Kolleg in Dessau. Er ist Gründungspartner und Mitinhaber von KARO* architekten.

Ananya Roy ist Professorin für Stadtplanung, Sozialfürsorge und Geografie an der University of California in Los Angeles und hat dort den „Meyer and Renee Luskin"-Lehrstuhl zu Ungleichheit und Demokratie inne.

Sarah Schalk ist Multimedia-Designerin, Philosophin und Physikerin. Sie kreiert Workshops, Installationen und Spiele im öffentlichen Raum. Sie ist Trägerin des Deutschen Menschenrechts-Filmpreises und Teil von Non Voyage.

Tatjana Schneider ist seit 2018 Professorin für Architekturtheorie an der TU Braunschweig. Sie forscht, diskutiert, schreibt über und leistet Widerstand gegen gewaltsame – ausbeutende, spekulative und ausschließende – Produktionen von Architektur, Stadt und Raum.

David Sim arbeitet als unabhängiger Berater von Städten. Er wurde als Architekt in Schottland und Skandinavien ausgebildet und unterrichtete als Dozent an der Universität in Lund. Spezialisiert auf Städtebau und Stadtplanung war er 10 Jahre lang Creative Director bei Gehl und übertrug Jan Gehls Theorien auf Großprojekte auf der ganzen Welt.

Nat Skoczylas ist Kulturschaffende und Kuratorin und forscht an der Königlichen Kunsthochschule in Stockholm zu kollektiven Praktiken. Sie stellte 2019 im Rahmen der Design-Biennale in Ljubljana aus und konzipierte Veranstaltungen für das Tektura-Haus in Lublin. Sie ist Teil von Non Voyage.

Maria Smith ist Leiterin des Bereichs Nachhaltigkeit und Bauphysik bei Buro Happold. Als Architektin, Ingenieurin, Autorin und Kuratorin arbeitet sie interdisziplinär, um die gebaute Umwelt in Einklang mit den natürlichen Grenzen des Planeten zu bringen. Sie ist Mitglied im Rat des Royal Institute of British Architects (RIBA) und Treuhänderin der Architecture Foundation Großbritanniens. 2017 wurde sie von der Greater London Authority zur Beauftragten für Design (Design Advocate) ernannt und 2019 war sie Co-Chefkuratorin der Architekturtriennale in Oslo.

Philipp Stierand ist Raumplaner und Experte für kommunale Ernährungspolitik. Seit über 15 Jahren begleitet er die Debatte um die Lebensmittelversorgung in Städten und Regionen. Ab 2001 baute er die Weiterbildungsinstitution der Naturkostbranche Weiling.Akademie auf und leitete sie bis 2019. Er ist Geschäftsführer der Speiseräume Forschungs- und Beratungsgesellschaft und leitet die Berliner Kantine Zukunft.

Doris Kleilein ist Architektin, Autorin und Verlegerin in Berlin. 2005 war sie Mitgründerin des Architekturbüros bromsky. Von 2005 bis 2018 arbeitete sie als Redakteurin bei der Bauwelt und Stadtbauwelt, seit 2019 leitet sie den JOVIS Verlag.

Friederike Meyer ist Journalistin und Publizistin. Sie studierte Architektur in Aachen und Seattle und an der Evangelischen Medienakademie in Berlin. Sie war Redakteurin der Bauwelt, Gastredakteurin bei Hochparterre und Dozentin für Architekturkommunikation in Kaiserslautern. Seit 2017 ist sie Chefredakteurin bei Baunetz.de.

Die Idee zu diesem Buch entstand im Rahmen des Fellowship von Doris Kleilein und Friederike Meyer am Thomas Mann House in Los Angeles 2020.

© 2021 by jovis Verlag GmbH
Das Copyright für die Texte liegt bei den Autor*innen.
Das Copyright für die Abbildungen liegt bei den Fotograf*innen/
Inhaber*innen der Bildrechte.

Umschlagmotiv: The Polcevera Park and the Red Circle, Genua,
2019. Entwurf: Stefano Boeri Architetti, Metrogramma Milano,
Inside Outside | Petra Blaisse

Übersetzungen ins Deutsche: (Texte S. 12–23, 96–111, 112–125,
139–150): Ursula Karpowitsch
Lektorat: Inka Humann und Theresa Hartherz
Gestaltung und Satz: Floyd E. Schulze
Lithografie: Bild1Druck
Herstellung: Susanne Rösler
Gedruckt in der Europäischen Union

Bibliografische Information der Deutschen Nationalbibliothek
Die Deutsche Nationalbibliothek verzeichnet diese Publikation
in der Deutschen Nationalbibliografie; detaillierte bibliografische
Daten sind im Internet über http://dnb.d-nb.de abrufbar.

jovis Verlag GmbH
Lützowstraße 33
10785 Berlin

www.jovis.de

jovis-Bücher sind weltweit im ausgewählten Buchhandel erhältlich.
Informationen zu unserem internationalen Vertrieb erhalten Sie von
Ihrem Buchhändler oder unter www.jovis.de.

ISBN 978-3-86859-671-7 (Deutsche Sprachausgabe, Softcover)
ISBN 978-3-86859-966-4 (Deutsche Sprachausgabe, PDF)
ISBN 978-3-86859-710-3 (Englische Sprachausgabe, Softcover)
ISBN 978-3-86859-981-7 (Englische Sprachausgabe, PDF)